Sonhos e símbolos na análise psicodramática

CIP-Brasil. Catalogação na Publicação
Sindicato Nacional dos Editores de Livros, RJ

D536s

Dias, Victor R. C. Silva (Victor Roberto Ciacco da Silva)
    Sonhos e símbolos na análise psicodramática: Glossário de símbolos / Victor Roberto Ciacco da Silva Dias. – [2. ed. rev.] – São Paulo: Ágora, 2014.
    il.

ISBN 978-85-7183-145-2

1. Psicodrama 2. Sonhos 3. Psicologia I. Título.

14-08897   CDD-616.891523
                                            CDU: 616.8

www.editoraagora.com.br

Compre em lugar de fotocopiar.
Cada real que você dá por um livro recompensa seus autores
e os convida a produzir mais sobre o tema;
incentiva seus editores a encomendar, traduzir e publicar
outras obras sobre o assunto;
e paga aos livreiros por estocar e levar até você livros
para a sua informação e o seu entretenimento.
Cada real que você dá pela fotocópia não autorizada de um livro
financia o crime
e ajuda a matar a produção intelectual de seu país.

Sonhos e símbolos na análise psicodramática
Glossário de símbolos

2ª edição revista

VICTOR R. C. S. DIAS

SONHOS E SÍMBOLOS NA ANÁLISE PSICODRAMÁTICA
Glossário de símbolos
Copyright © 2002, 2014 by Victor R. C. S. Dias
Direitos desta edição reservados por Summus Editorial

Editora executiva: **Soraia Bini Cury**
Editora assistente: **Salete Del Guerra**
Capa: **Buono Disegno**
Imagem de capa: **Aodaodaodaod; Rayjunk; Skreidzeleu; Kao; Piotr Latacha; Jack.Q; Yaromir; Laborant; Claudia Carlsen/Shutterstock**
Projeto gráfico e diagramação: **Crayon Editorial**

Editora Ágora
Departamento editorial
Rua Itapicuru, 613 – 7º andar
05006-000 – São Paulo – SP
Fone: (11) 3872-3322
Fax: (11) 3872-7476
http://www.editoraagora.com.br
e-mail: agora@editoraagora.com.br

Atendimento ao consumidor
Summus Editorial
Fone: (11) 3865-9890

Vendas por atacado
Fone: (11) 3873-8638
Fax: (11) 3872-7476
e-mail: vendas@summus.com.br

Impresso no Brasil

Sumário

1 O MÉTODO DA DECODIFICAÇÃO DOS SONHOS
NA ANÁLISE PSICODRAMÁTICA. 7

2 OS SÍMBOLOS NA ANÁLISE PSICODRAMÁTICA 17

3 A ORIGEM DO MATERIAL ONÍRICO
E SEUS PRINCIPAIS INTÉRPRETES. 25

4 A SISTEMATIZAÇÃO DOS SONHOS
NA ANÁLISE PSICODRAMÁTICA. 45

5 O AQUECIMENTO E OS MECANISMOS
DE DEFESA NA PSICOTERAPIA POR SONHOS. 91

6 SIGNOS E SÍMBOLOS. 99

1 O método da decodificação dos sonhos na análise psicodramática

DESDE 1995, VENHO TRABALHANDO com os sonhos no processo de psicoterapia. Essa abordagem, que nomeei *método de decodificação dos sonhos*, tem dado bons resultados clínicos. Baseada no referencial teórico da análise psicodramática, essa forma de trabalhar com os sonhos difere das outras que tratam do mesmo fenômeno, evitando uma série de riscos que o terapeuta normalmente corre ao utilizar as técnicas interpretativas propostas por Freud, Jung e outros, assim como ao empregar as técnicas que contam com forte colaboração do Eu consciente do sonhador, como no trabalho de Moreno.

A ideia que me levou ao desenvolvimento desse método partiu da observação clínica de comentários a respeito do sonho sem muita ênfase na interpretação da simbologia contida nele. Dessa forma, o cliente voltava a sonhar e os elementos contidos no sonho se repetiam, o que os tornava cada vez mais claros e fáceis de entender. Percebi, portanto, a possibilidade do próprio psiquismo poder dar as respostas e decodificar seu material simbólico.

Diante desse modo de compreender o sonho e o ato de sonhar passei a desenvolver o método da decodificação com o objetivo de acelerar o processo de sonhar e de repetir os elementos do sonho, na tentativa de clarear sua mensagem simbólica.

Na análise psicodramática, entendemos o sonho como *uma mensagem que o psiquismo manda para ele mesmo*. Assim, sempre acabamos deparando com a seguinte pergunta: *se o sonho é uma mensagem que o psiquismo manda para ele mesmo, por que* várias vezes o sonho é de tal maneira codificado que se *torna incompreensível para o próprio indivíduo?*

A resposta que encontramos é que *o sonho codificado (simbólico)* é uma mensagem composta de *material excluído, oriundo tanto da primeira quanto da segunda zona de exclusão, que não pode ter acesso livre e direto ao Eu consciente do indivíduo.* Assim, o sonho codificado pode se tornar consciente graças ao fato de ter uma parte dele na forma simbólica e, portanto, não é integrado.

O sonho simbólico é utilizado pelo psiquismo como forma de acessar a parte possível do material excluído e trazê-la para o consciente enquanto torna simbólica a parte que não pode ser ainda admitida pelo Eu consciente.

Concluímos que *a mensagem sonhada de forma simbólica é uma tentativa de o psiquismo do próprio indivíduo trazer para o consciente o material da zona de exclusão, configurando, assim, a premissa de que o sonho é uma tentativa de autocura* do psiquismo por ele mesmo.

Para facilitar a compreensão deste trabalho, é importante dizer que denomino sonhos codificados aqueles em que alguns elementos são constituídos de símbolos. Símbolos são todos os signos que podem aparecer no sonho, sejam eles icônicos, indiciais, emblemáticos, alegorias, atributos, metáforas, analogias e os próprios símbolos. Dessa forma, passarei a tratar como símbolos, sem distinção de tipos, todo material codificado contido no sonho. Podemos delimitar nosso universo de trabalho, portanto, como o conjunto de sonhos codificados que, dentro da análise psicodramática, é composto dos sonhos de primeira e segunda zonas de exclusão e alguns sonhos de reparação.

Retomando o assunto sobre as zonas de exclusão, já mencionado, convém relembrar que o desenvolvimento psicológico, na análise psicodramática, é dividido em duas fases: a cenestésica e a psicológica.

A fase cenestésica é constituída das vivências intraútero e dos dois primeiros anos de vida do bebê. As vivências cenestésicas (registro de sensações cenestésicas) são resultantes da interação entre o desenvolvimento físico e psíquico da criança e o meio ambiente que a cerca. O desenvolvimento físico e psíquico é determinado geneticamente e acontece de acordo com um protocolo que resulta da seleção natural do ser humano. O meio ambiente que o cerca será determinado, nessa fase, por climas afetivos incorporados e fixados em cada fase do desenvolvimento cenestésico. Tais climas serão catalogados em climas afetivos facilitadores ou climas afetivos inibidores conforme favoreçam ou dificultem o desenvolvimento psicológico desse indivíduo.

Em um desenvolvimento psicológico normal, em que os climas afetivos incorporados foram predominantemente facilitadores (aceitação, proteção e continência), o psiquismo caótico e indiferenciado (PCI) foi todo transformado em psiquismo organizado e diferenciado (POD). As áreas psicológicas – mente, corpo e ambiente – foram bem delimitadas e os modelos psicológicos – ingeridor, defecador e urinador –, bem estruturados.

Em um desenvolvimento psicológico patológico, em que os climas afetivos incorporados foram predominantemente inibidores (indiferença, hostilidade, abandono, rejeição, medo, sofrimento, ansiedade, opressão, punição e repressão), o psiquismo caótico e indiferenciado (PCI) não foi transformado em POD por completo. As áreas psicológicas – mente, corpo e ambiente – não ficaram bem delimitadas e os modelos psicológicos – ingeridor, defecador e urinador – ficaram incompletos e misturados com os climas inibidores, prejudicando o seu funcionamento.

O resultado disso é a permanência de cotas (bolsões) de psiquismo caótico e indiferenciado convivendo com o restante do psiquismo convertido em psiquismo organizado e indiferenciado. Esses bolsões recebem o nome de zonas de PCI. No final do desenvolvimento cenestésico (2 a 2 anos e meio), essas zonas de

PCI são tamponadas pelos vínculos compensatórios e se transformam na primeira zona de exclusão.

As vivências registradas na zona de exclusão ficam como que "congeladas" no tempo e não evoluem com o resto do desenvolvimento psicológico. Mantêm-se registradas da mesma forma como foram sentidas e incorporadas pelo bebê, desde o intraútero até os 2 anos de idade.

Os climas inibidores, portanto, são vivenciados como sensação de ameaça vital, de "sem saída" e de intenso desamparo.

A sensação de falta estrutural (o desenvolvimento que deveria ter acontecido e não aconteceu) é vivenciada como uma sensação de intenso desencanto. A tensão crônica bloqueada é vivenciada como intensa ansiedade de expectativa.

Todas essas vivências serão liberadas apenas por ocasião do rompimento ou do desmonte dos vínculos compensatórios (vínculos de dependência).

A fase psicológica do desenvolvimento inicia-se por volta dos 2 e 2 anos e meio, com o advento do ego, e se completa parcialmente perto dos 17 ou 18 anos, com a finalização da formação da identidade sexual. Essa fase continua em desenvolvimento por toda a vida do indivíduo, porém de forma mais moderada. Ela é responsável pela formação do conceito de identidade do indivíduo. Tal conceito reúne o conjunto de crenças do indivíduo, constituindo seu "chão psicológico" e as referências nas quais ele se apoia.

O que compõe o conceito de identidade são as vivências do indivíduo e seus conceitos aliados às vivências e aos conceitos que vieram do mundo externo (modelos incorporados e conceitos morais adquiridos, chamados de figuras de mundo interno – FMI) e se incorporaram tornando-se parte de seu próprio Eu.

Durante a formação do conceito de identidade, uma série de vivências do indivíduo (sentimentos, pensamentos, percepções e intenções) se choca de maneira frontal com as FMIs e é excluída do conceito de identidade, formando a segunda zona de exclusão. Ficam tamponadas pelas defesas intrapsíquicas.

SONHOS E SÍMBOLOS NA ANÁLISE PSICODRAMÁTICA

Assim, as vivências cenestésicas contidas na primeira zona de exclusão e as vivências psicológicas da segunda zona de exclusão não encontram livre acesso às esferas do Eu consciente do indivíduo, embora façam parte da sua identidade.

O objetivo do processo psicoterápico é resgatar e integrar, dentro do Eu consciente, todo material excluído, seja ele de primeira ou de segunda zona de exclusão.

Os sonhos codificados trazem, na sua mensagem e no seu enredo, o material excluído de forma disfarçada (simbólico) a fim de ter livre acesso ao Eu consciente. Ao atingir o Eu consciente de forma codificada, o sonhador entra em contato com essas vivências excluídas sem ter a consciência do que elas realmente representam. É um modo de "ficar sabendo", sem, contudo, "ficar sabendo". Esse "ficar sabendo" não pode ser oficializado pelo Eu consciente.

O sonho codificado passa a ser uma forma que o psiquismo utiliza para trazer, mesmo que simbolicamente, o material excluído para a esfera do Eu consciente, o que pode ser entendido como uma tentativa de autorresolução do próprio psiquismo.

Nesse entendimento, ao ter um sonho codificado, o cliente é submetido a um tratamento pelo seu próprio psiquismo e também traz para o terapeuta, de forma simbólica, o material a ser resgatado na psicoterapia. Assim, qualquer tentativa de o terapeuta acelerar esse processo pode ser encarada como um procedimento terapêutico.

O MÉTODO DA DECODIFICAÇÃO DOS SONHOS

O MÉTODO DA DECODIFICAÇÃO dos sonhos na análise psicodramática trabalha com os sonhos a fim de acelerar o processo já iniciado pelo próprio sonho, de mobilizar, conscientizar e integrar o material excluído no Eu consciente do sonhador. O método, que faz parte do conceito da psicoterapia na zona de exclusão, explicado no livro *Sonhos e psicodrama interno* (Ágora, 1996), consiste em

VICTOR R. C. S. DIAS

trabalhar o material excluído dentro da própria zona de exclusão, sem a preocupação de torná-lo consciente, evitando, assim, a mobilização dos mecanismos de defesa do próprio psiquismo.

Lembremos que os sonhos codificados (simbólicos) apresentam uma *parte latente* e uma *parte manifesta*, sendo a primeira representada pelos símbolos e por todo material codificado, e a segunda, pela relação entre os elementos e pelo enredo do sonho, não codificado.

Por exemplo, Flávia traz o seguinte: "Sonho que estou sendo perseguida por um grande macaco peludo e acordo apavorada". O conteúdo latente desse sonho é "um grande macaco peludo". A parte manifesta é "estar sendo perseguida" e "acordar apavorada".

Sabemos que o psiquismo está tentando enviar para o Eu consciente da sonhadora uma mensagem da zona de exclusão que, por não poder ser admitida claramente, surge de forma simbólica. Assim, não faz nenhum sentido perguntar à sonhadora o que é ou o que significa esse grande macaco peludo! Se ela soubesse, esse material não precisaria vir de forma simbólica.

É muito arriscado o terapeuta tentar interpretar o que significaria esse grande macaco peludo. Para interpretar essa simbologia, ele vai ter de tomar como referência a psicodinâmica da cliente ou então recorrer às referências teóricas da escola com que trabalha. De qualquer modo, há um risco em *rotular o sonho* em vez de interpretá-lo. Quem sabe o que essa parte latente significa, certamente, é a *zona de exclusão* da sonhadora, portanto devemos perguntar a ela.

O método da decodificação dos sonhos na análise psicodramática tem duas fases:

FASE 1 Formação de uma interface entre a decodificação do terapeuta e a zona de exclusão do sonhador no tocante ao material latente.

Fase 2 Pesquisa com o Eu consciente do sonhador sobre o conteúdo manifesto do sonho.

FORMAÇÃO DA INTERFACE ENTRE TERAPEUTA E ZONA DE EXCLUSÃO DO SONHADOR

Essa interface consiste na decodificação e não na interpretação do sonho para o cliente. Na decodificação, levamos em conta tanto a parte latente como a manifesta do sonho (*ver* Capítulo 3), mas a ênfase recairá sobre a *parte manifesta* do sonho. A *parte latente* é tratada no seu sentido mais consensual possível, e muitas vezes preferimos não tentar nenhuma decodificação do símbolo para não rotulá-lo.

Essa decodificação é feita para a zona de exclusão do sonhador e, portanto, não vamos esperar qualquer devolutiva do seu Eu consciente. A resposta da zona de exclusão do sonhador vai aparecer nos próximos sonhos, à medida que os elementos forem se repetindo e a simbologia tornando-se mais clara.

A decodificação vai utilizar o símbolo na sua parte mais consensual possível. No sonho de Flávia, podemos dizer que ela sonha que está sendo perseguida por um elemento instintivo (grande macaco peludo) e a ideia de ter algum contato com ele a apavora. Essa parte instintiva pode representar alguém ou um lado dela mesmo.

Essa decodificação é feita para permitir que o psiquismo (zona de exclusão) de Flávia tenha maior liberdade possível de continuar suas mensagens oníricas no próximo sonho.

Imaginemos que na semana seguinte a cliente nos traga o seguinte sonho: "Sonhei que andava numa cidade abandonada quando, de repente, vi um vulto escuro que parecia ser um homem, num vão de porta. Ele começou a vir para o meu lado, e saí correndo apavorada".

Podemos concluir que esse segundo sonho é uma continuação do primeiro, visto que alguns elementos se repetem: a sonhadora está sozinha, é perseguida e se sente apavorada. Podemos entender que a zona de exclusão de Flávia respondeu à nossa primeira decodificação, e o símbolo se encontra um pouco mais identificado, ou seja, é ligado a uma figura masculina. *Dessa forma, o terapeuta estabeleceu uma interface com a zona de exclusão da sua cliente.*

A decodificação seguinte pode ser realizada assim: esse sonho é continuação do outro (já que repete alguns elementos). Você se encontra numa região abandonada de seu próprio Eu e depara com um elemento que começa a tomar forma de um homem, com quem você evita o contato ao fugir apavorada. Muito provavelmente esse homem/vulto está relacionado com o grande macaco peludo do sonho anterior.

Diante dessa nova decodificação, vamos aguardar a resposta da zona de exclusão nos próximos sonhos, estabelecendo cada vez mais a interface entre o terapeuta e a zona de exclusão da sonhadora.

PESQUISA NO EU CONSCIENTE DO SONHADOR SOBRE O MATERIAL MANIFESTO

Como dissemos, não adianta perguntar ao Eu consciente da sonhadora sobre a parte latente, pois se ela soubesse não teria sido necessário sonhar de forma codificada.

Na pesquisa com o Eu consciente vamos averiguar se a cliente se lembra em quais situações da vida teve a sensação de ter sido perseguida e de ter se sentido apavorada como em seu sonho. Vamos supor que ela me dê três situações: um filme de terror a que assistiu já na idade adulta, um trecho de rua que atravessava ao voltar da escola, na adolescência, e o medo do escuro que tinha quando criança.

Isso me informa que o Eu consciente relacionou três situações nas quais as vivências produzidas no sonho estiveram presentes na vida cotidiana. Vou pesquisar os detalhes de cada situação para que tais lembranças estejam bem identificadas. Com isso, obrigo o Eu consciente da cliente a focar situações que podem e devem estar associadas ao material excluído que o sonho está tentando trazer à tona. Essa prática favorece que o psiquismo entre em uma sintonia mais afinada com o material que está sendo trabalhado no sonho e propicie o aparecimento de mais sonhos, com símbolos mais decifráveis.

O objetivo da pesquisa com o Eu consciente da sonhadora é obrigar o psiquismo a recordar situações do passado, que possam se relacionar com o material que está sendo trazido pelo sonho. Esse tipo de recordação, além de facilitar a obtenção de informações da vida da cliente, também sintoniza e mobiliza o psiquismo para facilitar o surgimento dos próximos sonhos.

A pesquisa com o Eu consciente tem duas funções importantes: a de focar e sensibilizar o psiquismo para a época e as situações correlatas ao material excluído e depositado na zona de exclusão, e a de permitir o acesso psicoterápico a lembranças e vivências que poderiam demorar muito tempo para aparecer no *setting* terapêutico se não tivessem sido trazidas pelo sonho.

Ao trabalhar com os sonhos na análise psicodramática, evitamos a interpretação dos símbolos, a não ser de forma bastante consensual, para evitar possíveis rotulações. Atentamos sobretudo para a sequência dos sonhos e a evolução da simbologia até ser integrada pelo Eu consciente ou sofrer uma reparação dentro dos próprios sonhos (falaremos disso no Capítulo 4).

Quando o terapeuta estabelece uma interface com a zona de exclusão do sonhador e decodifica o sonho sem a interferência do Eu consciente, ele estimula o psiquismo do cliente a tentar decifrar, nos sonhos subsequentes, os seus próprios símbolos (segredos), com base na premissa de que o sonhador "sabe", sem poder "saber", o que se encontra oculto no material excluído.

2 Os símbolos na análise psicodramática

COMO VIMOS NO CAPÍTULO anterior, o sonho codificado (simbólico) tem a função de informar, sem, contudo, oficializar para o Eu verdadeiro do indivíduo o conteúdo de vivências excluídas depositadas nas zonas de exclusão. Dessa forma, o psiquismo tem de formatar uma mensagem que traga uma informação para o Eu consciente e, ao mesmo tempo, a disfarce, de modo que o Eu consciente não a reconheça totalmente. Sabemos que esse *dilema do psiquismo* é resolvido com a utilização dos símbolos, o que nos leva a outro dilema: quais símbolos devem ser escolhidos? Por que a escolha de um símbolo em detrimento de outro? Como se processa essa escolha? Qual a origem dos símbolos?

Jung foi o maior estudioso dos símbolos. Segundo sua teoria o indivíduo tinha acesso ao *inconsciente coletivo* da humanidade durante o sono, de onde vinham informações contidas nos símbolos. Esse inconsciente coletivo reunia toda a sabedoria que a humanidade tinha até então e suas informações eram passadas pelos *arquétipos*. Estes podem ser entendidos como figuras simbólicas que armazenam e compactam um grande número de informações, causando um impacto de conhecimento no sonhador ao entrar em contato com o símbolo. Jung estudou exaustivamente os mitos, os rituais e os símbolos produzidos pelas diversas culturas que nos precederam. As ideias de Jung a respeito dos símbolos não são totalmente compartilhadas na análise psicodramática.

Pesquisas recentes no campo da neurociência revelam um dos campos mais complexos e pouco entendidos no tocante ao *armazenamento da memória* no cérebro humano, ou seja, que a memória não tem um local específico de armazenamento. A memória seria armazenada em camadas energéticas superpostas onde um fragmento de lembrança em determinada faixa energética poderia desencadear, por associação, uma série de outras lembranças armazenadas nas outras faixas sobrepostas.

Numa correlação grosseira, seria como gravar uma música em cima de outra; a nova gravação apaga a primeira. No cérebro humano, o processo acontece como se as gravações superpostas não apagassem as gravações anteriores. Dessa maneira, os registros de memória vão se sobrepondo em diversas camadas. Ao acessar uma camada, podemos entrar em contato com todas as demais sobrepostas.

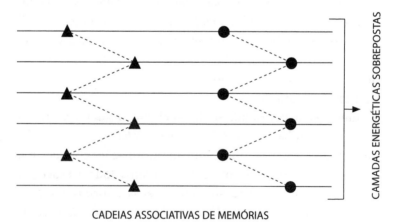

CADEIAS ASSOCIATIVAS DE MEMÓRIAS

Figura 1

Essa configuração lembra muito o conceito freudiano de determinantes psíquicos e a própria técnica, idealizada por ele, das associações livres.

Podemos concluir, então, que *o processo de resgate do material guardado na memória é feito de maneira* associativa.

Outro conceito importante da neurociência é o das memórias bloqueadas. As lembranças bloqueadas ou mesmo proibidas estão localizadas em nichos energéticos e bloqueadas por cadeias de proteínas. Estas formam uma barreira que impede o livre acesso a elas. Não temos informação de como, especificamente, esses bloqueios são realizados nem conhecemos suas causas orgânicas. Entretanto, levando-se em conta a psicodinâmica da análise psicodramática, podemos supor que eles seriam ligados ao material depositado nas zonas de exclusão (primeira e segunda). O material excluído da primeira zona é constituído basicamente de sensações e de sensações cenestésicas, e está excluído da identidade. Já o material da segunda zona é material psicológico que em algum momento já foi identificado, porém continua excluído do conceito de identidade.

Podemos dizer, portanto, que o psiquismo se encontra em um grande impasse: *precisa trazer o material excluído para a esfera do Eu consciente a fim de completar o desenvolvimento psicológico (autocura) e, ao mesmo tempo, mantê-lo excluído para que ele não se choque com o conceito de identidade vigente e a própria identidade (mecanismo de defesa).*

A solução para isso está em *enviar uma mensagem simbólica que informa sem informar e comunica sem explicitar o conteúdo da zona de exclusão.*

Com isso, o psiquismo sai de seu impasse quando envia a mensagem excluída para o Eu consciente e, ao mesmo tempo, preserva o material excluído que o psiquismo não está em condições de aceitar.

Isso é possível pelo fato de muitas cadeias associativas de registros de memória apresentarem memórias que podem ser compartilhadas por uma ou mais cadeias associativas. Essas *memórias compartilhadas* podem aparecer, nos sonhos, representando vários tipos de conteúdo. No caso de um conteúdo mais conflitado, o psiquismo pode enviar para o sonho uma memória compartilhada, que não está tão conflitada.

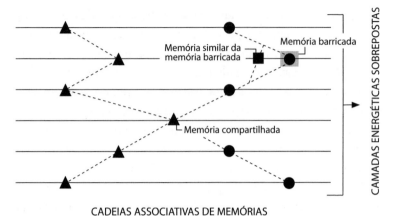

CADEIAS ASSOCIATIVAS DE MEMÓRIAS

Figura 2

Além do impasse de ter de enviar uma mensagem ao Eu consciente que informe de maneira disfarçada e simbólica o material contido na zona de exclusão, ele depara com a situação de, muitas vezes, o material excluído estar bloqueado de tal maneira que se encontra praticamente inacessível. É o que na neurociência chamamos de *memória barricada*. O material que está bloqueado nas memórias barricadas é de difícil acesso; então, lançamos, na análise psicodramática, o conceito de *equivalentes de memória*.

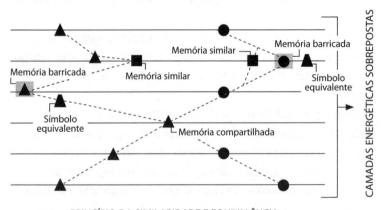

PRINCÍPIO DA SIMILARIDADE E EQUIVALÊNCIA

Figura 3

Os equivalentes de memória seriam símbolos que trariam, no seu conteúdo, algum tipo de similaridade e equivalência, com o conteúdo do material protegido pela memória barricada.

Podemos enunciar que os símbolos, no entender da análise psicodramática, são formados pelo *princípio da associação e equivalência* de memórias.

FORMAÇÃO DOS SÍMBOLOS

NA ANÁLISE PSICODRAMÁTICA, ENTENDEMOS que o conteúdo das zonas de exclusão é constituído de material que está registrado em forma de sensações ou então fortemente bloqueado nos nichos de memória. De qualquer modo, é um material que não está diretamente acessível para o Eu consciente. A forma que o psiquismo encontra de torná-lo consciente é por meio da decodificação simbólica.

Portanto, *os símbolos são criados pelo psiquismo para trazer para o domínio da consciência os conteúdos encobertos, na medida certa para que ele possa absorvê-los e incorporá-los.*

A proposta da análise psicodramática é que as imagens simbólicas são originárias de:

1 Imagens gravadas e rearranjadas dos fatos do dia a dia do sonhador que precedem os sonhos, tais como notícias de jornal, imagens da TV, filmes, anúncios, conversas etc.
2 Imagens do próprio arquivo cerebral que se acham impressas há muito tempo.
3 Imagens criadas pelo próprio psiquismo para traduzir o material daquele sonho.

Assim, não abraçamos a proposta junguiana de símbolos do inconsciente coletivo da humanidade nem dos arquétipos. Dividimos os símbolos em dois grandes grupos:

Símbolos consensuais. Símbolos com certo consenso em uma comunidade, em determinada época ou cultura. São os que mais se aproximam do conceito de inconsciente coletivo de Jung. Podemos citar como exemplo as águas (emoções), o deserto (aridez afetiva, carência), as feras (parte instintiva), o banheiro (região da intimidade) etc.

Símbolos particulares. Símbolos com significado particular para o sonhador. Mesmo alguns símbolos que às vezes podem parecer consensuais às vezes são particulares para alguns sonhadores. Entre eles, o cachimbo, que poderia ser entendido consensualmente como um elemento masculino, mas, para um cliente sonhador, era a representação da avó, que sempre usava cachimbo. Para outro, no entanto, cozinha lembrava o pai, que era quem cozinhava em sua casa, mesmo que fosse considerado um símbolo consensual ligado à figura feminina.

No método de decodificação dos sonhos, proposto pela análise psicodramática, preferimos enfatizar a relação entre os elementos do sonho e o próprio enredo dele do que a decodificação dos símbolos. Entendemos que, quando o psiquismo utiliza o recurso simbólico, o Eu consciente não está ainda preparado para assimilar o material enviado. Sabemos que na sequência dos sonhos os símbolos vão se tornando cada vez mais claros e mais inteligíveis. Preferimos, às vezes, deixar um símbolo sem decodificação até que ele se manifeste mais claramente.

Baseamos essa postura no conceito de que nem *o terapeuta nem o Eu consciente do sonhador sabem o que o símbolo significa. Quem sabe é a zona de exclusão do sonhador, e é ela que vai desvendar o símbolo no momento em que o Eu consciente puder assimilá-lo.*

Assim, preferimos decodificar os símbolos mais fáceis e apenas sugerir ou mesmo não fazer nenhuma sugestão sobre os mais intrincados, mas explicá-los no contexto do enredo e na relação entre os elementos do sonho. Dessa maneira, não corremos risco de uma interpretação errônea e damos tempo para que nos próximos sonhos os mesmos conteúdos apareçam numa simbologia mais clara.

3 A origem do material onírico e seus principais intérpretes

O MATERIAL ONÍRICO PODE surgir tanto de forma codificada, em que aparecem elementos simbólicos – no caso dos sonhos de primeira e de segunda zonas de exclusão e de alguns sonhos de reparação – como de forma não codificada, em que os elementos não são simbólicos – no caso dos sonhos de realização de vontades, de constatação e de alguns de reparação.

O principal obstáculo no trabalho com os sonhos, em qualquer linha de trabalho ou escola, é desvendar o real significado dos símbolos. Nos sonhos codificados, os símbolos podem aparecer na mensagem central, no elemento de enquadre, nos elementos do sonho, nos personagens e mesmo no enredo sonho.

Esse assunto é tão polêmico que o trabalho com sonhos, de certa forma, quase se tornou sinônimo de trabalho com símbolos.

Menciono na sequência, como alguns dos principais intérpretes entenderam os sonhos e os símbolos, com o intuito de poder localizar teoricamente o trabalho com os sonhos que estou propondo na análise psicodramática. Não citarei todos os intérpretes de sonhos, mas os mais significativos, pois não é objeto deste trabalho uma comparação entre todos eles.

Na Antiguidade, acreditava-se que o sonho era um processo no qual a alma do sonhador deixava seu corpo e passava a vagar por lugares e visitar pessoas que o sonhador acabava vendo em seu sonho.

ARTEMIDORO DE ÉFESO

ARTEMIDORO DE ÉFESO VIVEU no século II, provavelmente entre 135 e 200. Foi um dos primeiros estudiosos a sistematizar o trabalho com os sonhos. Ele era um adivinho romano que, baseando-se na civilização egípcia e grega, escreveu *Oneirocrítica*, livro que influenciou e ainda influencia o trabalho com os sonhos.

Os sonhos e as visões são incutidos nos homens para o seu próprio benefício e instrução, no meu entender. Assim, o sonho deveria ser interpretado como uma mensagem que, em sua essência, traz informações úteis e instrutivas para o sonhador. Artemidoro acreditava que os sonhos eram mensagens enviadas pelos deuses que deveriam ser interpretadas pelos adivinhos, clarividentes e sensitivos. Ele próprio, ao interpretar um sonho, procurava elementos da vida do sonhador e da situação em que o sonho havia ocorrido, para só então interpretar a mensagem simbólica ali existente.

Na leitura das interpretações de sonhos de Artemidoro podemos ver que os símbolos foram, na maioria das vezes, decodificados como situações de doenças, morte, casamentos, negócios, saúde e dinheiro.

Entendemos que esses eram, então, os principais problemas que o ser humano enfrentava. E chama a atenção a pouca importância dada aos temas morais e sexuais, bem menos marcantes naquelas longínquas épocas.

Em resumo, para Artemidoro e os antigos:

Origem e função dos sonhos. Os sonhos eram encarados como mensagens divinas que tinham a função de auxiliar o humano em relação à sua vida e ao seu destino.
Entendimento dos sonhos. Eles deveriam ser interpretados por alguém qualificado, o oráculo. Cabia ao oráculo decodificar a mensagem divina contida nos sonhos e transformá-la em linguagem acessível para o sonhador.

Técnicas utilizadas pelo oráculo. Artemidoro costumava entrevistar o sonhador para só então proferir suas sentenças. O principal embasamento para a decodificação dos símbolos eram os problemas vigentes naquela época, os quais versavam especialmente acerca dos assuntos mais básicos da sobrevivência, como doenças, riqueza, casamento, filhos, morte e negócios.

Comentários: a forma de decodificação dos sonhos dos antigos era basicamente a de uma interpretação. O oráculo utilizava como referência os valores da época e algumas vezes os adequava ao histórico do sonhador. Era uma interpretação baseada nos valores culturais, na própria vivência do oráculo e também na história de vida do sonhador.

SIGMUND FREUD

FREUD PUBLICOU EM 1900 o seu livro *Die traumdeutung* [*A interpretação dos sonhos*] e postulou claramente que "Um sonho é a realização disfarçada de um desejo reprimido".

Foi pesquisando e estudando os seus próprios sonhos, de forma sistemática, extremamente realista e muitas vezes dolorosa, que Freud acabou concluindo que o material trazido pelo sonho estava ligado aos impulsos recalcados, que ele chamou de pulsões e vinham do território do inconsciente.

Para ele, o inconsciente seria a instância mais profunda do psiquismo, dividida posteriormente em ego, id e superego, em que reinavam os impulsos do id. Ele acreditava que no inconsciente estavam recalcados impulsos e sentimentos, sobretudo os agressivos, incestuosos e sexualizados, que não deveriam chegar ao conhecimento da consciência do indivíduo, onde jamais seriam aceitos.

Na teoria de Freud, o superego e o ego perdiam sua influência durante o sono e, assim, liberavam o id. Este podia se manifestar de forma mais livre, trazendo à tona todos esses impulsos recalcados, principalmente os de conteúdo edipiano. Para evitar que o indivíduo acordasse e entrasse em contato com esses impulsos, o próprio ego exercia certa função protetora do sonho, fazendo que esse material viesse disfarçado de símbolos e, assim, aparecesse no consciente do indivíduo acordado na forma de sonhos simbólicos.

Freud entendia que esses impulsos deveriam ficar recalcados e os sonhos eram uma forma de realização desses desejos, de forma disfarçada e sem danos para a saúde psíquica do sonhador.

Na leitura das interpretações dos sonhos dadas por Freud e por seus seguidores, observamos que a grande maioria dos símbolos era decodificada como de conteúdo sexual.

Freud entendia que os sonhos não estavam, na verdade, realizando desejos de vontade e, portanto, desejos conhecidos, mas sim pulsões recalcadas de cunho sexual e agressivo que deveriam se manter banidas, fora do alcance da consciência do indivíduo.

Convém lembrar que Freud viveu numa sociedade com fortes tendências moralistas e de intensa repressão sexual. Entendemos, assim, que a maioria dos problemas psicológicos enfrentados pelos indivíduos dessa época era na verdade produzida pela repressão e pela contenção das manifestações da sexualidade e da agressividade.

Assim como Artemidoro decodificava os símbolos como doenças, morte, casamento, filhos, negócios e dinheiro, que produziam os problemas psicológicos da sua época, Freud os decodificava como manifestações agressivas, sexuais e incestuosas, que eram os principais problemas psicológicos de sua época.

Não vemos nas interpretações de Artemidoro decodificações ligadas à agressividade, à sexualidade e ao incesto, pois estes não eram problemas psicológicos do século II.

Freud propôs a utilização das técnicas de livre associação como forma de pesquisar os sonhos e utilizou a interpretação para traduzir a linguagem do inconsciente em linguagem comum.

Como vemos hoje, à luz da neurociência, não existe um lócus de memória, mas sim o armazenamento das memórias em camadas energéticas superpostas que vão sendo resgatadas por uma *cadeia associativa de memórias*.

Para ele, o sonho e toda sua simbologia eram *material manifesto* que podia aparecer claramente no consciente do sonhador. Ele estava, na verdade, dissimulando o verdadeiro material que chamou de *material latente*, que não poderia aparecer de forma explícita no consciente do sonhador.

Também aqui podemos entender que no conceito da análise psicodramática o símbolo é uma *representação equivalente da memória barricada*, muito diferente do que Freud e Jung acreditavam.

A interpretação do sonho nada mais era do que a tradução do material manifesto em material latente, tomando como ferramenta de pesquisa a técnica de livre associação desenvolvida por ele.

Vemos Sigmund Freud como um genial pioneiro que, em 1900, com a publicação do livro *Interpretação dos sonhos*, trouxe para as áreas médica e científica a importância do entendimento dos sonhos.

Artemidoro achava que os sonhos vinham de uma instância superior, divina; para Freud, vinham de uma instância do próprio psiquismo humano, do inconsciente.

Em resumo, para Freud e muitos de seus seguidores:

Origem e função dos sonhos. Os sonhos vinham das pulsões reprimidas, do tipo sexual, agressivo e antissocial e armazenadas no inconsciente do sonhador, cuja função era liberar as pulsões durante o sono, a fim de proteger o sonhador para não atuá-las no seu cotidiano e de garantir o próprio sono do sonhador.

Entendimento dos sonhos. A decodificação dos símbolos e o consequente entendimento do sonho eram feitos pelo terapeuta com base em uma interpretação apoiada na teoria da psicanálise, na ideia do recalque das pulsões, no histórico do sonhador e nos valores morais da época.

Técnicas utilizadas pelo terapeuta. A principal, utilizada por Freud e por seus seguidores, foi a da livre associação realizada pelo cliente sonhador, seguida de uma interpretação do terapeuta. Dessa forma, o terapeuta se baseava no material manifesto, constituído pelo sonho e pelas associações do cliente para interpretar o material latente, composto pelo material reprimido no inconsciente.

Comentários: a técnica da livre associação, na qual o Eu consciente do sonhador, embora em campo emocional mais relaxado, dá as diretrizes, funciona como um filtro moral dos conteúdos do sonho, contaminando o verdadeiro sentido do material simbólico. Assim, a interpretação acaba sendo contaminada pelo Eu consciente do sonhador, pela teoria embasadora utilizada pelo terapeuta e pelos valores morais vigentes. Lembremos que Freud viveu em uma época de intensa repressão sexual, com um código de valores fortemente calcado nas virtudes e na culpa em relação ao bom e ao mau.

CARL GUSTAV JUNG

DISCÍPULO DE FREUD A princípio, Jung se tornou posteriormente outro gigante intelectual na área psicológica. Ele deu um entendimento diverso ao significado dos sonhos, do inconsciente e dos símbolos.

Em toda a sua obra vemos um homem preocupado com o conceito da totalidade do psiquismo humano. Ele vasculhou de forma inteligente, sistemática, persistente e até mesmo obstinada grande parte do conhecimento disponível em sua época, desde as ciências antigas, como a alquimia, os mitos seculares da humanidade, o terreno do místico e as coincidências, criando conceitos como o do inconsciente coletivo e da sincronicidade.

Para Jung, o sonho era uma forma de expressão do inconsciente. Ao contrário de Freud, ele acreditava no sonho como uma ajuda ao sonhador e não como um logro deliberado contra ele. Acreditava que o inconsciente era um guia amigo que proporcionava ao sonhador um tipo de orientação de vida que nenhuma outra fonte poderia dar.

Podemos dizer que essa é a grande diferença de posicionamento entre Freud e Jung em relação aos sonhos. Freud procurava, por meio do entendimento do sonho, o que era ocultado pelo psiquismo do sonhador. Jung buscava esclarecer o que o psiquismo estava tentando revelar ao sonhador.

Essa diferença, aliada à sua obsessão pela totalidade, levou Jung a ampliar, de forma impressionante, a abrangência dos símbolos, libertando-os do entendimento meramente sexual e alçando-os para um terreno muito mais amplo que chamou de inconsciente coletivo.

O inconsciente coletivo conectava o indivíduo, por intermédio da alma, a todos os seus semelhantes, à sabedoria acumulada durante eras, às representações universais contidas nos mitos milenares e no patrimônio de conhecimento da humanidade, e finalmente ligava o indivíduo ao cosmo.

Jung considerava o sonho e seus símbolos como a via de acesso a esse todo. Construiu o conceito dos arquétipos como forma de representação simbólica, que ao aparecer nos sonhos criava uma sensação de impacto no psiquismo do sonhador: mais do que ser entendida, deveria ser sentida para ser apreendida.

Os símbolos passaram a ser entendidos como manifestações tanto do inconsciente pessoal (pulsões, sentimentos, pensamentos e intenção) quanto do inconsciente coletivo que, dessa forma, se faziam presentes ligando e orientando o indivíduo em um todo cósmico.

Jung utilizou o modelo interpretativo desenvolvido por Freud e também inovou nas técnicas de pesquisa dos sonhos ao criar a técnica da imaginação ativa para descobrir e dialogar, de modo consciente, com os conteúdos do inconsciente. Assim, fazia que seus clientes tentassem entrar no clima do sonho por intermédio da imaginação e se liberassem dos conceitos morais, terminando e complementando as mensagens simbólicas dos sonhos.

Ele ainda passou a observar e analisar os sonhos em série, pois achava que seria mais fácil entendê-los dessa forma do que isoladamente. Essa atitude é adotada também na análise psicodramática.

Posso entender, portanto, que Jung acreditava que os sonhos vinham não como uma mensagem dos deuses, como pensava Artemidoro, nem somente dos recalques do inconsciente, como postulava Freud, mas de algo mais amplo que é o inconsciente coletivo, além do inconsciente pessoal.

Para Jung e seus seguidores:

Origem e função dos sonhos. Os sonhos têm como origem duas instâncias: do inconsciente pessoal do sonhador, de onde se originavam tanto as pulsões reprimidas (sexuais, agressivas e antissociais) como as vivências, não necessariamente pulsões que habitavam o inconsciente; e do inconsciente coletivo, tido como um conjunto de vivências e valores constituído pelos arquétipos e entendidos como vivências cósmicas e patrimônio da humanidade. Jung entendia que a função do sonho era a de auxiliar e dar diretrizes na vida do próprio indivíduo. O sonho era uma mensagem que vinha das profundezas do Eu do sonhador e do seu contato com a sabedoria milenar da humanidade contida no inconsciente coletivo, para orientar o sonhador em sua jornada pela vida, além de algumas vezes ser a descarga de pulsões reprimidas. **Entendimento dos sonhos.** O entendimento dos sonhos e a decodificação dos símbolos eram dados pelo terapeuta mediante a interpretação do sonho baseada principalmente nos mitos, nos significados antropológicos e em toda a história da humanidade, além da história de vida do sonhador e de seu momento na psicoterapia. **Técnicas utilizadas pelo terapeuta.** Uma delas foi o estudo profundamente abrangente dos significados dos mitos, dos rituais e da origem dos símbolos de toda a história da humanidade. Outra, idealizada por Jung, foi a da imaginação ativa, na qual o próprio sonhador tentava, a partir de um estado de relaxamento, continuar ou reviver seu próprio sonho.

Comentários: Jung se preocupava mais em pesquisar o significado dos símbolos para o próprio sonhador à medida que tentava analisar seus sonhos em série, usando a imaginação ativa em que o próprio cliente buscava responder e decodificar seus símbolos. Entendemos o conceito de inconsciente coletivo como uma forma de dar um denominador comum aos sonhos e às vivências de todos os homens.

FRITZ PERLS

CRIADOR DA GESTALT-TERAPIA, PERLS acreditava, assim como Jung, que os sonhos tinham a função de auxiliar o indivíduo. Ele entendia que cada símbolo e cada imagem do sonho eram um aspecto desgarrado da personalidade que necessitava ser entendido e integrado.

Perls desenvolveu um tipo de trabalho com o sonho no qual achava melhor o cliente representá-lo do que simplesmente interpretá-lo. Dessa forma, prestava atenção na postura corporal, no tom de voz e nas nuanças que o cliente apresentava ao repetir o sonho. Depois fazia o cliente tentar dialogar com os diversos elementos, como forma de ele mesmo, ao representar o sonho, poder entender e integrar essas mensagens sonhadas à sua identidade.

Para Perls e os seguidores da Gestalt-terapia:

Origem e função dos sonhos. Aceitam a proposição junguiana.
Entendimento dos sonhos. A decodificação dos símbolos é dada pelo terapeuta com base na interação do sonhador com os elementos do seu próprio sonho.

Técnicas utilizadas pelo terapeuta. A ideia básica é fazer que o sonhador represente o seu sonho em vez de relatá-lo. Dessa forma, além do conteúdo, o terapeuta pode valorizar as atitudes, o tom de voz, as argumentações e as atitudes do sonhador na interação com os elementos do sonho.

Comentários: notamos em Perls o cuidado em evitar uma interpretação baseada só na psicodinâmica, insistindo numa participação mais abrangente do próprio sonhador na decodificação dos símbolos. Ressaltamos, no entanto, que a participação do Eu consciente nesse processo é sempre discutível, uma vez que ele está "impedido de saber" o verdadeiro significado do material excluído (simbólico).

SOOZI HOLBECHE

SEGUNDO UMA VISÃO ESPIRITUAL, Holbeche vê os sonhos como fatores que podem determinar a vida dos indivíduos. Para ela, a imaginação é a ligação entre o consciente e o inconsciente, e durante os sonhos o inconsciente utiliza a imaginação para formar os quadros que aparecem neles. "Os sonhos ensinam, equilibram, inspiram e nos curam; contudo, muitos de nós nos esquecemos do poder dos sonhos e de como eles podem transformar nossas vidas."

Em seu livro *Como os sonhos podem nos ajudar* (Cultrix, 1997), ela cita o espiritualista Edgard Cayce, um médium e sensitivo que viveu nos Estados Unidos na mesma época de Jung. Ele trabalhava com os sonhos em transe ou em estado de transe, diagnosticando doenças e tendo visões do passado e do futuro do sonhador.

É um entendimento mais voltado para o plano espiritual do que para o médico e científico. Embora trabalhasse de forma diferente, Cayce chegou a conclusões muito semelhantes às de Jung, só que, em vez de acreditar num inconsciente coletivo, ele utilizava o termo "subconsciente universal" e via o sonho "como

SONHOS E SÍMBOLOS NA ANÁLISE PSICODRAMÁTICA

uma torrente de pensamentos alimentada pela soma total da atividade mental humana desde seu início". Afirmava que qualquer indivíduo, por meio dos sonhos, podia ativar, com o devido preparo, todo esse enorme cabedal de conhecimento, e assim encontrar respostas e auxílio para as suas dificuldades.

Soozi Holbeche, seguindo a linha de Cayce, acredita igualmente nessa torrente de ensinamentos universais, valorizando a imaginação como o grande caminho que põe o indivíduo em contato com esse inconsciente, bem como que os sonhos são a melhor forma de conhecer essa linguagem.

Ela cita ainda Arnold Mindel, fundador da Sociedade para a Pesquisa da Psicologia Orientada para o Processo, que também acredita no sonho como um caminho para o espiritual.

Para os espiritualistas:

Origem e função dos sonhos. Em geral, eles defendem a ideia do sonho como uma ligação do indivíduo com o cosmo. Essa ideia do cosmo abrange tanto a concepção de uma grande corrente energética, da qual o indivíduo seria uma parte, quanto até mesmo a concepção de Deus. A função do sonho é aceita sempre como uma mensagem auxiliar para o indivíduo se entender, se orientar e se curar.

Entendimento dos sonhos. A decodificação do sonho é feita pelo terapeuta, utilizando desde uma ligação direta com o inconsciente do sonhador, por meio do transe mediúnico (Cayce), até a impostação de cura (Mindel) e a decodificação dos símbolos com referência consensual (Holbeche).

Técnicas usadas pelo terapeuta. Holbeche descreve uma técnica de sistematização do sonho baseada em: dar um título ao sonho, descrever os sentimentos dele, fazer um esboço do cenário, observar os personagens, listar os símbolos e os objetos, sintetizar o sonho e escolher um significado do sonho dentro da própria vida. A ideia básica não é uma interpretação do sonho, mas uma revelação da mensagem.

Comentários: notamos nos espiritualistas, independentemente da visão mística e muitas vezes religiosa dos sonhos, a preocupação em captar sua mensagem do sonho sem tentar interpretá-lo. Em Holbeche, percebemos a preocupação de dar subsídios ao sonhador para entender o seu sonho dentro de seu próprio referencial. Insistimos, entretanto, em que a participação do Eu consciente, embora menor, ainda é considerada relevante, no sentido de poder distorcer o real significado do sonho.

JACOB LEVY MORENO

CRIADOR DO PSICODRAMA, MORENO entende o sonho como um processo criativo e, portanto, um poderoso auxiliar do indivíduo em relação aos seus impulsos criativos. Adota uma atitude técnica semelhante à de Perls e considera mais importante a representação do sonho do que a sua interpretação.

Moreno utilizou as técnicas de dramatização que ele criou no psicodrama para trabalhar com os sonhos e chamou a abordagem de "técnica psicodramática para a representação dos sonhos", ou simplesmente "método dos sonhos".

Posteriormente, José Roberto Wolff, psicodramatista moreniano e estudioso dos sonhos, trouxe para nosso meio o termo "onirodrama", que passamos a utilizar para nos referir à forma com que os sonhos são trabalhados na linha do psicodrama.

O onirodrama consiste basicamente na seguinte intervenção: primeiro, o cliente relata o sonho. Em seguida, propõe-se que ele, em estado de relaxamento, relate os acontecimentos mais importantes do dia anterior ao sonho e reconte o sonho tentando reviver o clima sonhado.

Depois, pede-se ao cliente, no contexto dramático, que crie todos os elementos do sonho, simbólicos ou não, e passe a entrar no papel de cada um deles.

Nesse estágio, Moreno acredita que o cliente já reviveu o sonho. A partir daí, a cena é jogada com todos esses elementos. Para Moreno e para os psicodramatistas que adotam a posição moreniana e o onirodrama:

Origem e função dos sonhos. Aceitam a concepção junguiana, ou seja, de que sua função é a de auxiliar o sonhador em relação a si mesmo, principalmente no sentido de desenvolver sua espontaneidade e criatividade.
Entendimento dos sonhos. É dado pelo próprio sonhador com base na interação dramática entre ele e os elementos de seu sonho. A dramatização do sonho é dirigida pelo terapeuta.
Técnicas utilizadas pelo terapeuta. A principal técnica do psicodrama é a dramatização do sonho, descrita por Wolff como onirodrama. Neste, o sonhador tenta entrar no clima afetivo do sonho e, no contexto do "como se", passa a jogar e inverter papéis com os seus elementos. Dessa forma, ele vive e revive seu sonho de modo diferente, chegando assim às suas próprias conclusões.

Comentários: notamos a preocupação de Moreno e seus seguidores em evitar uma interpretação teórica da mensagem onírica, possibilitando ao sonhador interagir e entender seu próprio sonho. Apesar de o contexto dramático do "como se" tornar o campo afetivo lúdico e mais relaxado, entendemos que a interferência do Eu consciente é muito significativa no jogo da cena, causando, assim, uma superficialização do conteúdo do sonho. Acreditamos também que o resultado final acaba sendo um entendimento projetivo que, sem dúvida alguma, tem um valor terapêutico, mas desvia-se do verdadeiro conteúdo do sonho.

OS SONHOS NA ANÁLISE PSICODRAMÁTICA

Considerando essa fundamentação teórica básica, gostaria de enfocar e discutir dois tópicos importantes: *a origem dos sonhos* e a *decodificação dos símbolos*.

Como vimos, a origem dos sonhos passou por várias etapas de entendimento, ou seja, da mensagem divina (Artemidoro), do inconsciente pessoal (Freud), dos inconscientes coletivo e pessoal (Jung), do subconsciente universal (Cayce) e do corpo do sonho (Mindell).

De acordo com esses enfoques, vemos *uma dificuldade de conseguir uma localização mais precisa da origem dos sonhos*.

A origem dos sonhos passa a ter um universo muito amplo no enfoque divino da Antiguidade, assim como a origem dada por Jung com o conceito de inconsciente coletivo, e as de Cayce e de Mindell no terreno espiritual. Já o inconsciente pessoal dado por Freud apresenta como origem dos sonhos um universo bem mais restrito, que é o dos sentimentos e impulsos recalcados.

De qualquer forma, ampla ou restrita, a origem dos sonhos é dada de modo impreciso, e muitas vezes místico por alguns desses autores.

Vimos também que a decodificação dos símbolos passou por várias etapas de entendimento. Artemidoro, depois de pesquisar as condições da vida do sonhador, interpretava os símbolos como mensagens divinas para aquela pessoa. Freud passou a interpretar os símbolos como conteúdos recalcados de desejos agressivos e sexuais. Jung ampliou esses entendimentos e passou a interpretar os símbolos não só como desejos reprimidos ligados ao inconsciente pessoal, mas também como contato do homem com o inconsciente coletivo da humanidade. Cayce interpretou os sonhos em transe mediúnico. Já Mindell e Holbeche, com uma base mística e espiritual, enquanto Perls e Moreno preferiram sua representação, deixando, portanto, a interpretação do conteúdo simbólico por conta do Eu consciente do sonhador. O mesmo aconteceu com Jung ao utilizar a técnica da imaginação ativa, quando o Eu consciente do sonhador é solicitado na decodificação do sonho. Podemos então dividir a decodificação dos sonhos em dois grandes grupos:

Primeiro grupo. Neste, a interpretação do material latente é realizada pelo terapeuta com base no místico, no espiritual, no filosófico, no teórico ou no psicopatológico, em que se encontram, entre muitos outros, Artemidoro, Freud (psicanálise), Jung (psicologia analítica), Cayce, Mindell, Holbeche etc.

Segundo grupo. Este oferece condições para que o Eu consciente do sonhador, em estado de relaxamento ou não, tente a decodificação dos elementos simbólicos do sonho, em que se inserem os seguidores da Gestalt (Perls), do onirodrama (Moreno) e da imaginação ativa (Jung).

Quanto ao tema sobre decodificação dos elementos simbólicos dos sonhos, temos, na análise psicodramática, dois grandes questionamentos. Um deles é que, à medida que toma para si a tarefa de interpretar o material simbólico, o terapeuta passa a ter uma margem de erro, pois, por mais minuciosa que tenha sido a pesquisa dos dados de vida do sonhador, seu embasamento acaba sendo teórico. O outro é que, ao pedir ajuda ao Eu consciente do sonhador, o terapeuta acaba tendo como aliada uma parte do cliente que está proibida de entrar em contato com o material sonhado. Sabemos que o material sonhado, de forma simbólica, é um material que não está em condições de ser assimilado diretamente pelo Eu consciente do sonhador, pois se tal fosse possível isso não apareceria codificado e sim de maneira clara e sem símbolos.

Uma vez que o terapeuta estabelece aliança com o Eu consciente do sonhador para a decodificação do material latente do sonho, ele recebe uma resposta projetiva ou apenas parcial do real significado do símbolo.

Esse é um dos grandes problemas que nós, da análise psicodramática, identificamos nas escolas que têm como procedimento a aliança entre o terapeuta e o Eu consciente do cliente na decodificação do material latente do sonho.

Eu venho desenvolvendo, nos últimos 20 anos, uma nova escola de psicoterapia, que, em livro publicado em 1994 pela Editora Ágora, batizei de análise psicodramática.

Na fundamentação teórica da análise psicodramática identificamos um enfoque que abrange tanto a origem dos sonhos como a forma de decodificação dos símbolos.

Na análise psicodramática, o material onírico codificado é considerado material excluído, que pode vir tanto da primeira como da segunda zona de exclusão.

O material onírico, cuja origem é a segunda zona de exclusão, é um material psicológico constituído de vivências, sentimentos, pensamentos, percepções e intenções que foi excluído do conceito de identidade vigente e permanece excluído graças à ação das defesas intrapsíquicas.

Bastante semelhante ao material recalcado do inconsciente, de Freud, e do inconsciente pessoal, de Jung, o material onírico, que vem da primeira zona de exclusão, é um material cenestésico e, portanto, constituído basicamente de sensações.

Essas sensações têm como ponto de origem:

a Vivências dos dois primeiros anos de vida do bebê. São aquelas relacionadas aos climas afetivos que o bebê capta e incorpora da mãe, da pessoa que exerce função de mãe, dos familiares que convivem com ele e da casa em geral. Os climas afetivos podem ser facilitadores, tais como aceitação, proteção e continência em relação ao bebê; ou inibidores, tais como abandono, rejeição, ansiedade, hostilidade, medo etc. Os climas afetivos inibidores são vivenciados pelo bebê como sensações de intenso desamparo, de ameaça vital, de "sem saída", e nos sonhos aparecem de forma simbólica, mas com essas características.

SONHOS E SÍMBOLOS NA ANÁLISE PSICODRAMÁTICA

Também ocorre a sensação de falta estrutural, originada pela não estruturação completa dos modelos psicológicos de ingeridor, defecador e urinador. Essa sensação é vivenciada como um enorme vazio e intenso desencanto. E, finalmente, ocorre uma sensação de tensão crônica de que em algum momento esses modelos vão se completar, sendo vivenciada como ansiedade de expectativa.

b Vivências ligadas ao período intraútero. As mais importantes são as de rejeição e indiferença intraútero, que são sentidas como frio e abandono, ou ainda aniquilamento.

c Vivências ligadas à incorporação de climas cósmicos. Acredito que o bebê capte e incorpore, pelo contato com o ar, principalmente nos pulmões, algum tipo de clima energético presente na atmosfera. Essa captação é mais intensa na época do nascimento, o que, de alguma maneira, explicaria os acertos dos mapas astrológicos. Acredito também que estariam de alguma forma contidas no ar vivências de toda a humanidade, além de um jogo de forças energéticas do planeta e do próprio universo, o que poderia ser captado e incorporado como sensações. Vejo com isso certa correlação com o inconsciente coletivo de Jung, com o subconsciente universal de Cayce com o corpo de sonhos de Mindell.

Quanto à decodificação dos símbolos contidos no material onírico codificado, entendemos, na análise psicodramática, que o material excluído não se relaciona com o Eu consciente; portanto, qualquer intervenção do Eu consciente do sonhador no tocante à decodificação dos símbolos é uma atitude equivocada pelo simples fato de que, se o Eu consciente pudesse ter acesso a esse material excluído, ele não precisaria vir à tona sob a forma de sonho e muito menos de modo simbólico e codificado.

Podemos dizer, de forma esquemática, que a posição da análise psicodramática em relação aos sonhos é a seguinte:

a Os sonhos são mensagens que o psiquismo manda para ele mesmo na tentativa de tornar-se mais completo e integrado. Isso é entendido como uma tentativa de autocomplementação e, portanto, de autocura. Entendemos, então, que o sonhar é uma forma de se curar.

b Os sonhos codificados e simbólicos são aqueles cujas mensagens o psiquismo está enviando para ele mesmo não podem ainda ser assimiladas no consciente. Esses sonhos trazem à tona o material excluído que ainda não pode ser identificado e incorporado ao Eu consciente do sonhador.

c Os sonhos originários da segunda zona de exclusão trazem à tona uma série de vivências de cunho psicológico que foram excluídas do conceito de identidade desse indivíduo. Esse material excluído deve ser identificado e integrado pelo Eu consciente para que o conceito de identidade dele possa ficar mais completo e mais identificado com seu verdadeiro Eu.

d Os sonhos cuja origem é a primeira zona de exclusão trazem à tona uma série de vivências de sensações cenestésicas que ficaram excluídas da identidade desse indivíduo e devem ser conscientizadas e integradas pelo Eu consciente para que se complete a identidade, dando a ele a sensação de totalidade, unicidade e individuação. Trazem ainda sensações ligadas ao clima cósmico, que devem ser conscientizadas e integradas para que o indivíduo tenha a sensação de interação harmônica com o universo que o rodeia e de pertencer a esse universo.

e O material excluído aparece nos sonhos de forma simbólica (memória equivalente) porque ainda não existe uma condição favorável para que seja identificado e assimilado pelo Eu consciente do sonhador. Desse modo, o Eu consciente não é um aliado confiável para a decodificação desse material simbólico.

f O sonhador "sabe", sem poder saber no plano consciente, dos conteúdos do material excluído (memória barricada), sendo o sonho uma forma de "afrouxar a rigidez do Eu cons-

SONHOS E SÍMBOLOS NA ANÁLISE PSICODRAMÁTICA

ciente" para que esse material excluído possa ser identificado e integrado ao conceito de identidade e à própria identidade desse indivíduo.

g O método da decodificação dos sonhos é a proposta que a análise psicodramática tem para o trabalho psicoterápico com os sonhos.

Para a análise psicodramática:

Origem e função dos sonhos. Os codificados vêm das zonas de exclusão do psiquismo, tanto da primeira zona (cenestésica) como da segunda zona (psicológica) do indivíduo, e também de sua interação com o cosmo. Entendemos que a função do sonho é uma tentativa de autocura do próprio psiquismo, no intuito de resgatar o material excluído, possibilitando a essa pessoa tornar-se cada vez mais completa em relação à sua própria identidade. Quanto à ligação cósmica, entendemos a função do sonho como a de aumentar a sensação de pertencer do próprio indivíduo em relação ao cosmo.

Entendimento dos sonhos. Eles são decodificados pelo terapeuta com base numa simbologia consensual, mas o entendimento é dado pela repetição dos elementos nos sonhos posteriores até que fique evidente o significado de suas mensagens. Assim, o entendimento acaba sendo dado pelo próprio sonho.

Técnicas utilizadas pelo terapeuta. A técnica é a de decodificar o sonho para estimular que o cliente volte a sonhar e, a partir daí, começar a mapear a repetição dos elementos.

Comentários: a finalidade do método de decodificação dos sonhos na análise psicodramática é evitar ao máximo a interferência do Eu consciente do sonhador e a interpretação teórica do terapeuta, bem como fazer que a elucidação da mensagem acabe vindo à tona, de forma clara e inequívoca, pela repetição dos elementos na sequência de sonhos.

4 A sistematização dos sonhos na análise psicodramática

ANTES DE ABORDAR o método da decodificação dos sonhos na análise psicodramática, devemos falar sobre os tipos de sonhos que aparecem no contexto psicoterápico.

Sabemos que todo material onírico é, em princípio, de cunho terapêutico, na medida em que cria condições para que o sonhador entre em contato com os conteúdos que estão presentes em seu mundo interno e, portanto, precisam ser trabalhados como tal.

Esse material onírico terapêutico pode aparecer de duas formas: codificado e não codificado.

Estamos diante de um material onírico codificado quando o sonho apresenta elementos simbólicos e, muitas vezes, o próprio enredo é também ilógico e incompreensível. Esse tipo de sonho é composto por material advindo das zonas de exclusão que não pode ser assimilado diretamente pelo Eu consciente do sonhador. Alguns sonhos são compostos por material advindo de um clima cósmico que foi absorvido durante o sono.

Entendemos o clima cósmico como um clima afetivo e psicológico que está disseminado entre todas as pessoas do planeta e em algumas situações pode ser incorporado durante o sono, transformando-se em sonhos. É um fenômeno pouco explicado pela ciência, mas é compatível com o conceito de sincronicidade de Jung e também com os conceitos de tunelamento e a teoria das cordas da física quântica.

O material onírico codificado é encontrado nos sonhos de clima cósmico, nos sonhos de primeira e segunda zona de exclusão e em alguns sonhos de reparação.

Os sentimentos, as vivências, as deduções, percepções, intenções, situações etc. fazem parte do verdadeiro eu do indivíduo, mas não podem se tornar conscientes, pois foram excluídos do conceito de identidade.

Para que esse material seja admitido pelo Eu consciente, numa terapia convencional, são necessários um questionamento dos conteúdos e das crenças do conceito de identidade e das figuras de mundo interno, incorporadas, e o desbloqueio das defesas intrapsíquicas que mantêm o *status quo* do psiquismo. Supomos que esses conteúdos estejam em nichos de memória que se encontram bloqueados. Para que o psiquismo consiga trazê-los à tona (consciência), sem o devido questionamento das crenças do conceito de identidade, ele lança mão da codificação simbólica dentro dos princípios da associação e da equivalência com a memória bloqueada.

Dessa maneira, entendemos que os sonhos de material de segunda zona de exclusão são sempre simbólicos e codificados, sendo aqui aplicado o método da decodificação dos sonhos.

Ao deparar com esse tipo de sonho, o terapeuta se vê diante de um material soberano na terapia, pois é o material que necessita ser resgatado e integrado no conceito de identidade. Ao mesmo tempo existe um impasse, pois o material aparece de forma simbólica, uma vez que o Eu consciente ainda não está pronto para reconhecê-lo e assimilá-lo.

Como já mencionamos anteriormente, com base nos conceitos da análise psicodramática, passaremos à descrição dos cinco grandes grupos de sonhos:

a Sonhos de realização de vontades (não codificados);
b Sonhos de constatação (não codificados);
c Sonhos de segunda zona de exclusão (codificados);

d Sonhos de primeira zona de exclusão (codificados);
e Sonhos de reparação (codificados ou não codificados).

SONHOS DE REALIZAÇÃO DE VONTADES

São aqueles em que existe claramente um enredo que possibilita ao sonhador realizar uma vontade. O sentimento ou a intenção estão claramente na esfera do consciente. É um sonho sem símbolos e não precisa de decodificação ou interpretação. Seu efeito terapêutico é possibilitar uma descarga de sentimentos, vontades ou sensações que o indivíduo está acumulando sem poder descarregar. Quero fazer essa distinção, pois, numa visão mais ampla, a maioria dos sonhos pode ser interpretada como uma realização simbólica de vontades ou necessidades.

Por exemplo, a cliente L. teve o seguinte sonho:

"Estava tendo uma relação sexual muito intensa e prazerosa com meu marido e acordei tendo um orgasmo".

Sabemos que L. e o marido estão passando por uma fase difícil e com a vida sexual um tanto amortecida. Entendemos que o sonho foi a forma encontrada por L. para descarregar sua tensão sexual, a qual L. tinha clara consciência de estar retida.

Outro exemplo é o sonho de A.:

"Estava brigando com C. Trocávamos socos e eu estava com muita raiva".

Sabemos que C. é primo de A. Os dois trabalham juntos e estão diante de uma grande disputa. A. está muito irritado com as traições que C. vem praticando no campo profissional. Entendemos que o efeito terapêutico desse sonho foi o de possibilitar que A. descarregasse sua raiva de C. sem comprometer o relacionamento profissional.

Nesse tipo de sonho, cabe ao terapeuta trabalhar com o cliente formas alternativas e adequadas de dar vazão às suas vontades, uma vez que o sonho mostra claramente que essa necessidade está premente.

SONHOS DE CONSTATAÇÃO

Como o próprio nome indica, são sonhos cujos conteúdos informam ao Eu consciente do sonhador uma série de sentimentos, vivências, pensamentos, intenções, percepções, dos quais o sonhador tem certa noção, mas não pode admitir claramente diante de si mesmo. Esses sonhos fazem aflorar o material justificado, isto é, um conteúdo que está parcialmente conscientizado, mas encoberto por uma série de justificativas. São sonhos em que o material onírico não está codificado ou então existe alguma simbologia de fácil entendimento.

Um exemplo típico é o seguinte: Maria tem uma discussão com seu chefe e está magoada e aborrecida com tal situação. À noite ela sonha que está furiosa e que esbofeteia o chefe. O sonho informa que o verdadeiro sentimento de Maria é o de uma grande raiva do chefe e não uma simples mágoa. Maria não pode assumir essa raiva, pois, além de não se aceitar como pessoa rancorosa, não aceita a ideia de sentir raiva de um chefe que já a ajudou muitas vezes.

Outro exemplo: Marta e seu marido, Roberto, saem para jantar com Luiz Carlos e Cláudia, um casal de amigos. Marta e Luiz Carlos gostam muito de dançar; Cláudia e Roberto, não. Já é tradição entre os dois casais que Marta e Luiz Carlos dancem. Cláudia e Roberto ficam à mesa, conversando e observando. Isso é conversado abertamente, e Marta e Luiz Carlos formam uma boa dupla de dançarinos. Marta o considera um grande amigo e parceiro de dança. Certa noite, ela acorda assustada após ter um sonho extremamente erótico e sensual com Luiz Carlos. O sonho informa à Marta que seus sentimentos estão indo além da amizade e parceria da dança com Luiz Carlos. Esses sentimentos não podem ser assumidos claramente por Marta, pois em seu conceito de identidade não cabe a ideia de sentir-se atraída sexualmente por outro homem que não seja seu marido.

Outro exemplo: L. tem 34 anos, é bonita, atraente e casada com V. há dez anos. Nos últimos dois anos, ele tem trabalhado em outra cidade e se encontra com L. e as filhas duas vezes por mês, nos fins de semana. Ele não gosta que ela vá à cidade onde trabalha nem lhe dá o endereço de onde mora, com a justificativa de que, além de ser um lugar provisório, não é bom ambiente para ela. L. conhece apenas o local de trabalho dele e só faz contato na empresa. Ela se revolta, mas tem tolerado essa situação todo esse tempo, tratando o assunto como imaturidade e "esquisitices" de V. Uma noite, L. tem o seguinte sonho: "Estou andando em um ambiente cheio de gente. É a empresa em que V. trabalha. Estou procurando por ele, entro em várias salas, deparo com várias pessoas conhecidas, até que, numa sala, encontro V. com M.L., uma funcionária. Nesse momento, escuto vozes comentando que eles têm um caso amoroso há dois anos. Acordo assustada e muito angustiada".

No mesmo dia, L. telefona para uma amiga que, após certa resistência, confirma realmente as suas suspeitas.

O sonho informou L. de algo que ela já suspeitava, mas não queria aceitar. No seu conceito de identidade, L. se achava uma mulher muito especial e não aceitava a hipótese de V. poder se interessar por outra. E ainda encarava-o como menos importante do que ela. O fato de estar casado com ela, em seu ponto de vista, era um grande privilégio para ele.

Dessa forma, os sonhos de constatação não precisam de interpretação nem de decodificação, mas apenas de um clareamento. A sua importância terapêutica é fazer que o cliente constate, sem as devidas justificativas, os verdadeiros conteúdos que estas acobertam e com isso poder questionar e reformular seu conceito de identidade.

SONHOS DE SEGUNDA ZONA DE EXCLUSÃO

COMO JÁ FOI DITO, nos sonhos de segunda zona de exclusão, as mensagens são constituídas de conteúdos psicológicos que foram excluídos do conceito de identidade do indivíduo por chocarem-se frontalmente com esse conceito. São sonhos carregados de conteúdo simbólico, já que esse material não pode ser oficialmente aceito pelo Eu consciente do indivíduo. São os sonhos mais numerosos durante o processo de psicoterapia e colocam o material excluído, apresentado como material onírico codificado, e o Eu consciente do indivíduo frente a frente.

Ao deparar com esse tipo de sonho, o terapeuta encontra-se diante de um material soberano na terapia, pois é o material que deve ser resgatado no processo psicoterápico para ser integrado ao conceito de identidade do cliente. Ao mesmo tempo, há um impasse, pois o material aparece de forma simbólica, uma vez que o Eu consciente ainda não está pronto para reconhecê-lo e assimilá-lo na esfera de sua consciência.

Na estratégia psicoterápica da análise psicodramática, esse é um dos casos em que se deve utilizar o método da decodificação dos sonhos, aqui proposto.

Dessa forma, a única coisa que o terapeuta jamais deve fazer quando um cliente relata um sonho no contexto da psicoterapia é não lhe dar importância e muito menos não dizer algo a respeito do sonho, pois assim ele não estabelece uma interface com a zona de exclusão do cliente nem estimula que este volte a sonhar.

Para facilitar o trabalho terapêutico, sistematizei oito passos para a decodificação dos sonhos da segunda zona de exclusão:

- Mensagem central do sonho
- Elemento de enquadre do sonho
- Marcador de época do sonho
- Elementos simbólicos do sonho
- Personagens do sonho
- Relação entre os elementos do sonho
- Enredo/Decodificação do sonho
- Interpretação do sonho

Dentro desses passos, qualquer parte que o terapeuta consiga decodificar já é suficiente para estabelecer uma interface com a zona de exclusão do cliente.

Na maioria dos sonhos, não chegamos ao nível da interpretação e sim ao da decodificação, que nada mais é que a formulação do enredo do sonho para estabelecer a interface com a zona de exclusão.

MENSAGEM CENTRAL DO SONHO

Costumo comparar o sonho com uma trepadeira mole que se enrosca e cresce em torno de uma estaca fixa, que representa a mensagem central do sonho. É a haste central que dá certa coerência aos elementos do sonho. O foco afetivo do sonho faz parte da mensagem central.

O foco afetivo está ligado ao afeto ou conjunto de afetos que o sonhador tem durante o sonho, independentemente de serem afetos centrados nele, nos personagens ou simbólicos. Não faz parte do foco afetivo o clima afetivo que ele tem ao acordar, pois esse momento já pode estar influenciado pelo Eu consciente do sonhador.

Quando um indivíduo acorda de um sonho de material onírico codificado, ele passa de uma vivência da zona de exclusão para uma vivência de psiquismo organizado e diferenciado (Eu consciente). Dessa maneira, durante um sonho de segunda zona de exclusão, ele vive os conteúdos e os climas afetivos ligados a um material excluído do conceito de identidade vigente. Ao acordar, ele volta a vivenciar os conteúdos e os climas afetivos do material que compõe o conceito de identidade vigente.

Essa transição pode acarretar uma série de climas afetivos, sendo o mais comum o pânico. Esse pânico acontece porque, por breves instantes, o indivíduo fica desorientado entre a passagem de uma vivência de zona de exclusão para uma vivência do Eu consciente. Por algum momento ele fica sem um conceito de identidade, o que sempre acarreta uma sensação de pânico. Podemos observar isso de forma muito clara quando o indivíduo relata um sonho no qual o foco afetivo nada tem que ver com pânico, mas ele acorda em pânico (taquicardia, sudorese e medo). Entendemos que esse pânico foi resultado da transição entre a vivência da zona de exclusão e a do Eu consciente e não do foco afetivo do sonho.

Outras vezes surgem sentimentos de vergonha, culpa, constrangimento etc., que não constavam do clima afetivo do sonho. Entendemos que esses sentimentos estão ligados ao conceito de identidade vigente e são reativos às vivências do sonho. É como se o Eu consciente já estivesse censurando o que ocorreu durante o sonho.

Uma mulher, por exemplo, pode acordar de um sonho erótico incestuoso, relatar sentimentos de culpa e vergonha, mas durante a vivência do sonho o clima ser de erotismo intenso e prazeroso. Entendemos que seu foco afetivo era de erotismo e prazer, estando os sentimentos de culpa e vergonha já relacionados à censura do Eu consciente; portanto, já não fazem parte do sonho nem do material excluído, mas do cotidiano e do conceito de identidade vigente.

O foco afetivo do sonho é o clima afetivo predominante no sonho e não engloba o clima afetivo do acordar.

Muitas vezes, o clima afetivo do sonho pode invadir o Eu consciente e permanecer, mesmo que o indivíduo já tenha acordado. Pode persistir por alguns instantes, algumas horas ou mesmo dias. Às vezes, esse clima afetivo permanece no consciente de forma clara e definida; outras, como uma tênue sensação de irrealidade. Entendemos que quando o clima afetivo do sonho invade a realidade é porque o Eu consciente já está em condições de assimilar esse tipo de clima e, portanto, é um sinal de início de integração do material excluído pelo Eu consciente.

Não raro, o foco afetivo do sonho está relacionado aos sentimentos do sonhador durante o sonho, podendo estar ligado aos sentimentos dos personagens quando o sonhador encontra-se na posição de observador de seu próprio sonho, ou aparecer de forma simbólica, como frio (abandono, desamparo), gelo (ódio, dureza), sol (alegria, acolhimento) etc.

A importância de identificar o foco afetivo do sonho é que esse conjunto de sentimentos ou intenções está presente no material excluído e aparece no sonho livre da censura do Eu consciente. Frequentemente, o terapeuta consegue identificar o foco afetivo apenas em determinado sonho, o que já é suficiente para conseguir uma interface com a zona de exclusão do cliente. Muitas vezes, a mensagem central do sonho é o próprio foco afetivo. Outras, ela é formada por conteúdos que nada têm que ver com os afetos.

Considero como elementos do sonho todos os componentes presentes nele. Dessa forma, pessoas, personagens, atitudes, animais, objetos, locais, água, fogo, luz, terra, árvores, claro, escuro, frio, calor, carros, casas, cômodos etc. são elementos componentes do sonho. Da interação entre eles surge o enredo do sonho.

Divido os elementos do sonho em quatro grandes grupos: *elemento de enquadre, marcador de época, elementos simbólicos* e *personagens*.

ELEMENTO DE ENQUADRE DO SONHO

É o arquivo de memória que está sendo trabalhado naquele sonho. Podemos dividi-lo em três tipos, apresentados a seguir.

Elemento de enquadre real

Isso acontece quando o cenário é um local que já fez ou faz parte da vida real do sonhador, por exemplo:

"Sonhei que estava na casa do sítio do meu avô..." (o elemento de enquadre são vivências dessa época); ou então: "Sonhei que estava na rua principal da casa em que morei na minha infância e toda a família estava lá..." (o elemento de enquadre é a relação familiar dessa época).

Quando o elemento de enquadre é um local do passado do sonhador, ele pode ser, também, um marcador de época.

Elemento de enquadre como extensão do Eu do sonhador

Nesses casos, o sonhador identifica um local como seu, ou então como um local que parece familiar, mas não é identificado como um lugar conhecido. Esse local é uma extensão do Eu do sonhador, uma região do seu próprio psiquismo. Por exemplo:

"Sonhei que estava na minha casa, embora não fosse nenhuma casa conhecida..."; ou, então, "Sonhei que estava em um porão que me parecia familiar, mas, na verdade, não conheço e...".

Aqui, tanto a casa quanto o porão são extensões do Eu do sonhador.

Elemento de enquadre simbólico

O cenário do sonho é dado por um elemento simbólico que pode ser um sentimento, uma sensação, uma fase da vida ou mesmo uma região do Eu do sonhador. Por exemplo:

"Sonhei que estava andando por um local com muito sol e, depois de uma ponte, era tudo gelo e..."

Nesse sonho entendemos que o indivíduo estava entrando em contato com uma época de sua vida com características de acolhimento (sol = amor, acolhimento) e, após uma passagem da vida (ponte), entra numa fase de frieza e pouco acolhimento (gelo = frieza, indiferença, ódio).

"Sonhei que estava em meio a um nevoeiro muito espesso e vislumbro um vulto que é uma espécie de construção..."

Nesse caso, o elemento de enquadre é o nevoeiro, que pode significar algo como uma região de pouco conhecimento, de sentimentos e pensamentos confusos e pouco claros dentro do próprio Eu. Um arquivo de memória pouco conhecido.

"Sonhei que estava na China e..."

Esse é um cliente que nunca esteve lá. Ao sonhar com um local desconhecido como elemento de enquadre, na verdade, ele está sonhando com uma região desconhecida (arquivo) pouco visitada do próprio Eu.

"Sonhei que estava em um colégio (mas não se parecia com nenhum colégio que eu tenha estudado) e então..."

Entendemos que o elemento de enquadre (colégio) é a vida estudantil do sonhador. Muitas vezes o elemento de enquadre é dado pelas relações que acontecem no sonho.

"Sonhei que conversava com um grupo de mulheres e ríamos muito, mas não sei do que falávamos."

O sonhador está trabalhando dentro de um universo feminino.

MARCADOR DE ÉPOCA DO SONHO

Idade ou fase da vida do sonhador em que o material, presente no sonho, foi excluído do conceito de identidade e depositado na zona de exclusão.

A importância terapêutica de identificar a idade do cliente, que tem relação com o material excluído que está vindo à tona de forma simbólica no sonho, é a de auxiliar na pesquisa, com o Eu consciente, de que tipo de coisas, estresses afetivos, conflitos emocionais ou traumas psicológicos estavam acontecendo na vida desse cliente nessa época.

O sonho de um homem, por exemplo, cujo marcador de época determina que o material onírico codificado está relacionado com a idade aproximada de 12 anos, informa que esse material pode estar associado à fase da formação da identidade sexual masculina, da ligação afetiva com o grande amigo, da reformulação do modelo masculino internalizado ou então a situações potencialmente estressantes ocorridas nessa idade na vida desse indivíduo, tais como conflitos familiares, mudanças de cidade, morte de entes queridos, mudanças bruscas de *status*, entre outras, que possam ter abalado o conceito de identidade desse homem.

Já o sonho cujo marcador de época indique que o material excluído estaria por volta dos 4 ou 5 anos de idade do sonhador pode estar relacionado à fase de triangulação ou a situações de conflito específicas na vida desse indivíduo, tais como nascimento de irmãos, separação da mãe, entrada na escola, conflitos familiares etc. Na maioria das vezes, aparece no sonho algum tipo de elemento que funciona como um indicador da época em que o material onírico codificado foi excluído do conceito de identidade desse cliente. Passei a chamar esse elemento de *marcador de época*.

O marcador de época é um elemento que chama a atenção do sonhador durante o sonho e é relatado ao terapeuta, mas não participa do enredo do sonho.

Os marcadores de época mais comuns são: pessoas, locais, objetos, situações etc.

Pessoas

Crianças ou filhos muitas vezes aparecem, porém sem entrar no enredo do sonho. Nesses casos, marcam a idade que o indivíduo tinha quando o material simbólico do sonho foi para a zona de exclusão. Pessoas do passado que participaram de determinada época da vida do sonhador, como colegas de escola, parentes que tiveram mais contato com ele, pessoas já falecidas, mas à época ainda vivas, e, muitas vezes, o próprio sonhador em outra idade podem servir como marcadores de época.

Locais

Os que mais comumente surgem como marcadores de época são casas ou dependências destas, as quais o cliente frequentou durante sua vida, ruas, cidades, clubes, colégios, sítios, praias, rodoviárias, portos, rios etc. Muitas vezes os locais que aparecem no sonho podem ser ao mesmo tempo marcadores de época e elementos de enquadre.

Objetos

É comum o sonhador destacar ou qualificar determinado objeto e que integra o enredo do sonho. Os mais frequentes são móveis, brinquedos, roupas, carros, barcos e um sem-número de objetos que fizeram parte da vida do indivíduo. Por exemplo:

"Sonhei que estava numa sala na qual tinha um sofá amarelo de dois lugares e..."

Na pesquisa do sonho, o sofá era da casa da tia, onde o sonhador costumava passar férias durante a adolescência, e esse é o marcador de época.

Situações

Também servem como marcadores de época. As que mais comumente aparecem são: andar de bicicleta, mudanças de casa, viagens de navio, andar a cavalo etc.

Para identificar a época deve-se pesquisar: "Quando você costumava andar de bicicleta? ou, então, "Quando aconteceram mudanças de casa na sua vida?" etc.

Embora essas sejam as formas mais comuns de identificar o marcador de época, ele pode aparecer de várias outras maneiras, tais como climas afetivos, detalhes, datas, fotos, números, roupas etc. O mais importante é lembrar sempre que o marcador de época é um elemento do sonho que chama a atenção do sonhador, mas não participa do seu enredo.

ELEMENTOS SIMBÓLICOS DO SONHO

São aqueles que fazem parte do material onírico codificado e aparecem sob a forma de signos, ícones, signos indiciais ou, mais comumente, de símbolos que dão significado ao enredo do sonho. Esses signos podem ser de uma variedade incalculável e na maioria das vezes são de difícil decodificação. Muitos deles têm significado universal ou consensual, ao passo que outros são bem específicos e só encontram significado na vida do próprio sonhador.

A grande importância do surgimento de elementos simbólicos é que isso significa que o conteúdo da mensagem que o sonho está trazendo à tona é composto de material excluído, o qual, embora esteja sendo mobilizado no psiquismo do sonhador, ainda não tem condições de ser entendido e assimilado por seu Eu consciente. Caso contrário, não precisaria aparecer como material onírico codificado; simplesmente surgiria como material onírico não codificado ou então não necessitaria ser sonhado e viria apenas como lembranças.

Quando o psiquismo lança mão de símbolos para exprimir e conscientizar determinado conteúdo, sabemos que o material em questão está bloqueado em algum nicho energético de memória que se encontra bloqueado (memória barricada). Na impossibilidade de desbloquear a memória barricada, o psiquismo lança mão do conceito de equivalência segundo o qual o símbolo representa uma vivência ou sensação equivalente à do conteúdo bloqueado.

O elemento simbólico é uma memória cujo conteúdo é equivalente ao material contido num nicho de memória barricada.

No método de decodificação dos sonhos, na análise psicodramática, diante de um elemento simbólico, o terapeuta deve tentar decodificá-lo, sempre como uma hipótese, quando esse símbolo tiver uma conotação universal, consensual, ou, ainda, quando tiver um significado claro para o próprio sonhador. Diante de um símbolo mais incompreensível, ele não deve tentar interpretá-lo, mas simplesmente aguardar a repetição desses elementos nos sonhos subsequentes até que a simbologia se torne menos densa e mais compreensível.

PERSONAGENS DO SONHO

São pessoas que participam do enredo do sonho, contracenando ou não com o sonhador. Divido esses personagens em cinco tipos explicados a seguir.

Personagens propriamente ditos

Pessoas que aparecem no sonho, tais como amigos, parentes, pai, mãe, filhos, chefes, funcionários, colegas de escola etc. Podem ser pessoas do presente, do passado, já falecidas, conhecidas ou não. Muitas vezes, aparecem filhos ou crianças que são somente marcadores de época, que chamam a atenção do sonhador, mas não participam do enredo do sonho.

Dublês

Pessoas que aparecem no sonho ocupando o lugar dos verdadeiros personagens, que ainda não podem ser claramente identificados em sua mensagem. Os dublês mais comuns são artistas de cinema, de televisão, esportistas, autoridades, pessoas de destaque etc. Também podem ser pessoas comuns, conhecidas ou não do sonhador, que aparecem em um contexto do sonho onde essa pessoa jamais estaria presente.

Veja este exemplo:

"Sonhei que estava deitada na cama de meu quarto de infância com M. (um colega de trabalho atual). Vi minha tia dirigindo-se para o banheiro (o que realmente acontecia naquela época). Estou com muito medo de ser vista com o meu colega na cama. Parece que existe algo 'erotizado' na situação. Saio correndo do quarto e vejo meu pai sentado no sofá da sala lendo jornal (o que realmente acontecia). Vou para a cozinha e vejo minha mãe preparando a refeição (coisa que também acontecia). Acordo assustada" (C., de 46 anos).

Nesse sonho, vemos que o foco afetivo é uma situação erótica proibida. O elemento de enquadre é o quarto de infância da cliente, o marcador de época é a tia, que morou durante um ano em sua casa quando ela tinha 11 anos e frequentemente atravessava o quarto da sonhadora para ir ao banheiro. O pai e a mãe são personagens propriamente ditos, e M., com certeza, é um dublê, pois ele não faz parte dessa época. Durante a pesquisa do sonho, com o auxílio do Eu consciente, ficamos sabendo que a outra pessoa que morava na casa na época era o irmão mais velho da sonhadora. A partir do sonho, ela começou a relembrar uma série de brincadeiras eróticas infantis com ele.

Outro exemplo é o de N., de 36 anos, que relata o seguinte:

"Sonho que eu, minha irmã e meu irmão éramos pequenos e estávamos com a Sandra Bréa[1]. Eu era o único que pegava em sua mão. Sentia vontade de tocá-la, mas tinha medo, pois sabia que ela tinha aids. Acordo".

A nosso ver a artista é uma dublê, no caso, possivelmente da mãe, e o sonho indica uma possível repressão de toque como conteúdo sexual proibido (aids).

Montagens

São pessoas que aparecem no sonho, mas, na verdade, representam uma composição de traços de várias pessoas. Nos sonhos subsequentes, desdobram-se em duas ou mais. Uma das montagens mais comuns que aparecem nos sonhos é a seguinte: "Sonhei que via uma mulher nua, mas descubro assustado que além da vagina ela também tem um pênis". Podemos entender que o sonhador apenas esteja identificando um aspecto masculino na figura feminina, ou desconfiar de que aí existe uma montagem de um casal que, nos sonhos subsequentes, pode vir a aparecer como um homem e uma mulher erotizados.

"Sonhei que eu via um grave acidente de carro. Havia um homem morto no chão. Notei que ele tinha uma barriga enorme e eu sabia que ele estava grávido." Nesse sonho, identificamos conteúdos amortecidos (morto) e uma montagem em que existem um homem e uma gravidez (mulher e bebê). O sonho subsequente do cliente confirma a hipótese: "Sonhei com o mesmo acidente, no mesmo local do sonho passado, e via três corpos no chão, cobertos com lonas pretas. Por uma fresta na lona, vi que um dos corpos era o de uma mulher" (C., 34 anos).

---

1. Atriz e cantora que fez sucesso no Brasil nas décadas de 1970 e 1980. Portadora do vírus HIV, faleceu em 2000 vítima de câncer no pulmão.

SONHOS E SÍMBOLOS NA ANÁLISE PSICODRAMÁTICA

Personagens figurativos

São pessoas que, nos sonhos, aparecem estilizadas ou não, mas na realidade representam uma gama de sentimentos, intenções e significados. São comuns nesse caso: príncipes, fadas, bruxas, diabos, anjos, extraterrestres etc. Um bom exemplo é o sonho de D., 30 anos: "Eu estava lutando com a rainha má (da história infantil Branca de Neve e os sete anões). Ela estava vestida como no filme e queria me dominar. Eu lutava, fazia muita força para que ela não me dominasse. Em determinado momento ela se transforma num morcego, faz um voo rasante e tenta me pegar. Apesar do nojo eu o pego com a mão e o esmago até que ele desapareça".

Podemos entender nesse sonho que a rainha má é a personificação da maldade e de todos os sentimentos pouco nobres a ela associados, portanto um personagem simbólico. O morcego em que ela se transforma é um símbolo consensual dos mesmos significados. Entendemos que a sonhadora está lutando para não ser dominada por seus próprios sentimentos menos nobres e, ao final, consegue reprimi-los novamente, apesar de ter entrado em contato, com muito nojo, com esses sentimentos.

Vamos a outro exemplo, contado por M., 44 anos: "Sonhei que estava num cemitério acompanhando um enterro quando, de súbito, notei um homem alto e muito bem-vestido e soube imediatamente que ele era o diabo! Acordei apavorada". O homem do sonho é um personagem figurativo e uma personificação do mal.

Personagens funcionais

São pessoas que aparecem no sonho, mas representam a função que elas exercem e não pessoas da vida do sonhador. Seguem alguns exemplos e o que esses personagens podem representar:

- médicos e enfermeiras: cuidadores;
- policiais e juízes: representantes do certo e do errado, figuras normativas;
- presidentes: autoridades;

- porteiros: controle, o próprio ego;
- seguranças: elementos de proteção.

RELAÇÃO ENTRE OS ELEMENTOS DO SONHO

É toda e qualquer relação existente entre os diversos elementos do sonho, sejam eles personagens ou elementos simbólicos. É a parte mais manifesta dos sonhos. Com base na relação entre eles, acaba surgindo o enredo do sonho. Essas relações estão normalmente carregadas de uma série de sentimentos e intenções, tais como alegria, tristeza, ameaça, impotência, cobrança, perseguição, indiferença, sedução, cumplicidade etc. Ao analisar suas relações e interações, podemos, com mais clareza e segurança, identificar parte das mensagens que o material onírico codificado está apresentando ao Eu consciente do sonhador.

À medida que conseguimos estabelecer relações entre o sonhador e os elementos do sonho, este começa a ganhar uma estrutura lógica e mais compreensível de sua mensagem simbólica. Em geral, é mais fácil entender um sonho simbólico com base na relação entre os elementos do que na decodificação pura e simples dos símbolos.

Os sonhos repletos de elementos simbólicos, mas sem muita relação entre eles, denotam que o material excluído, contido no sonho, ainda está muito desorganizado. Esses sonhos têm pouco valor terapêutico, mas, mesmo assim, evidenciam que está havendo uma mobilização no mundo interno do cliente. Já os sonhos em que o material simbólico apresenta uma relação interativa entre os elementos demonstram um material excluído mais organizado e já começam a ter maior valor terapêutico.

Temos dois grandes grupos de relação entre os elementos do sonho: o sonhador na posição de observador e o sonhador que interage com os elementos do sonho.

O sonhador na posição de observador

Nesse caso, ele observa a relação entre os outros elementos do sonho sem intervir no enredo ou participar dele. Entendemos essa

SONHOS E SÍMBOLOS NA ANÁLISE PSICODRAMÁTICA

postura como uma posição de evitação no sonho. Isto é, o sonhador fica distante das emoções e das intenções contidas no enredo. Normalmente, no próprio sonho ou nos subsequentes, o indivíduo passa a participar do enredo, identificando-se ou assumindo o lugar de um dos personagens ou símbolos que ele estava observando. A posição de evitação denota uma postura de desaquecimento no sonho. É o mesmo que acontece quando, numa dramatização, colocamos o cliente na posição de observador.

Os sonhos a seguir são de M., 30 anos, homossexual: "Sonho que estou passando num cruzamento e vejo um homem passar correndo e outro logo atrás. Este está portando um revólver e atira no primeiro". Arma de fogo em sonho é visto como um potencial de cargas eróticas e/ou agressivas. A decodificação é que o cliente vê um homem ser atingido por outro homem com cargas eróticas e/ou agressivas. O agressor está na posição de observador. Em outro dia, tem outro sonho: "Sonho que estou fugindo de um homem e me escondo atrás de um poste, mas ele me encontra e me dá um tiro!" O sonhador entrou no enredo e é atingido por um homem possivelmente por carga erótica.

O sonhador interage com os elementos do sonho

Aqui, o sonhador interage com os elementos do sonho, tanto personagens como símbolos. A interação entre sonhador e elementos possibilita que se trabalhe o material excluído dentro da própria zona de exclusão.

As possibilidades interativas com os elementos do sonho são:

- sonhador *versus* personagem;
- sonhador *versus* símbolo;
- sonhador *versus* sonhador (intervenção do Eu consciente);
- personagem *versus* personagem (sonhador como observador);
- personagem *versus* símbolo (sonhador como observador);
- símbolo *versus* símbolo (sonhador como observador).

Sonhador *versus* personagem. "Sonho que estou num quarto e que minha mãe, muito mais moça, está nua e tenta me abordar sexualmente. Corro para fugir dela e ela corre atrás de mim. Acordo" (B., 40 anos).

- *Mensagem central:* evitação de conteúdo erotizado proibido.
- *Marcador de época:* por volta dos 10-12 anos de idade. É a idade que B. teria comparada à idade da mãe no sonho.
- *Elemento de enquadre:* quarto: intimidade da sonhadora. Não é um quarto de que ela se recorde.
- *Personagem:* mãe erotizada.
- *Relação entre os elementos:* sonhadora *versus* mãe – evitação e fuga de elemento erotizado.
- *Enredo/decodificação:* é um sonho que traz vivências entre os 10-12 anos e mostra a sonhadora fugindo de um contato com a erotização e a sexualidade que possivelmente estava identificando ou captando na mãe.
- *Interpretação:* uma possível interpretação desse sonho com base teórica seria a seguinte: na época da formação da sua identidade sexual feminina (10-12 anos), a sonhadora estava evitando identificar-se com o modelo erotizado da sua mãe.

Sonhador *versus* símbolo. "Sonho que entro em uma grande loja para comprar uma blusa. Sei exatamente qual eu quero, mas não consigo encontrá-la. Todas as que vejo e experimento não correspondem à que quero. Desisto temporariamente de comprar a blusa e acabo comprando produtos de higiene pessoal, como xampu, sabonete, pasta de dente etc., além de comida. Acordo" (E., 25 anos).

- *Mensagem central:* compensação afetiva.
- *Elemento de enquadre:* loja: a própria vida.
- *Elementos simbólicos:* blusa: identidade feminina; produto de higiene pessoal: escrúpulos; comida: cuidado, colo.
- *Relação entre os elementos:* sonhador *versus* blusa: procura e não encontra sua identidade feminina idealizada; sonhador

SONHOS E SÍMBOLOS NA ANÁLISE PSICODRAMÁTICA

versus produto de higiene pessoal e comida: compensação da falta da identidade feminina.

- *Enredo/decodificação:* E. está procurando uma identidade feminina que não encontra na sua vida e as que encontra não lhe agradam. Acaba compensando com limpeza e comida ou com suas representações psíquicas de escrúpulos e colo.

Sonhador *versus* sonhador (intervenção do Eu consciente): "Sonho que estou sendo ameaçado de assalto por um homem com um revólver pequeno. Há várias pessoas e alguns carros ao redor e eu não sinto medo, nem me sinto intimidado. Penso que ele não vai atirar, pois tem apenas seis balas e há mais de dez pessoas no local. Pareço muito calmo e me surpreendo com isso. Acordo" (C., 54 anos).

- *Mensagem central:* reação diante de ameaça.
- *Marcador de época:* atual.
- *Elemento de enquadre:* não identificado/própria vida.
- *Elemento simbólico:* revólver: agressividade ou sexualidade.
- *Personagem:* assaltante armado: parte agressiva/sexualizada do próprio sonhador; outras pessoas: parte social da vida.
- *Relação entre os elementos:* sonhador *versus* assaltante: não se intimida com a ameaça; sonhador *versus* outros personagens: sente-se protegido; sonhador *versus* sonhador: o Eu consciente intervém e pondera sobre o verdadeiro grau da ameaça.
- *Enredo/decodificação:* o sonhador que, na realidade, se queixa de descontrole, de agressividade e de seus impulsos entra em contato com seu lado mais impulsivo (assaltante armado) e começa a perceber que ele não é tão intenso como acha (pensa e pondera dentro do próprio sonho).

Personagem *versus* personagem (sonhador como observador): "Sonho que estou andando por uma avenida de duas pistas. A pista esquerda está interditada e cheia de entulhos. O local é ermo e avisto uns homens andando em direção contrária à minha. De repente, vejo um homem que parece um beduíno, com a pele morena e o rosto meio encoberto. Sinto medo dele. Em seguida, estou assistindo à TV com meu pai e, no filme, o beduíno está estuprando uma menina (de cerca de 10 anos), e vejo que ela ficou muito machucada. Acordo" (L., 35 anos).

- *Mensagem central:* medo e violência sexual.
- *Elemento de enquadre:* avenida com uma pista interditada: época da vida com uma parte de lembranças bloqueadas.
- *Elementos simbólicos:* entulhos: lembranças excluídas; assistir à TV: posição de observador; machucados: feridas psíquicas.
- *Personagens:* beduíno com rosto encoberto: homem misterioso, pai, menina de 10 anos.
- *Relação entre os elementos:* sonhadora *versus* beduíno: medo; sonhadora *versus* pai: cumplicidade, assistem à TV juntos; beduíno *versus* menina: abuso sexual, estupro.
- *Enredo/decodificação:* entendemos que a sonhadora está revivendo lembranças e sensações bloqueadas da sua fase entre 12 e 13 anos, de cargas eróticas advindas de figura masculina (possivelmente o pai). O fato de ver pela TV é uma evitação de entrar em contato com os sentimentos da situação, e o fato de aparecer como estupro (ainda que a cliente não relate qualquer abordagem sexual por adulto) faz pensar numa grande carga erótica que foi sentida, mas não atuada, e deixou danos psíquicos (machucados).

Personagem *versus* símbolo (sonhador como observador): "Sonho que vejo uma mulher com um gato branco no colo. Ela se parece com minha mulher ou minha mãe. O gato está totalmente relaxado e aconchegado no colo e ela se dirige para a janela. Penso que ela vai colocar o gato na sacada do apartamento. Quando ela chega mais perto, vou me dando conta de que ela vai jogá-lo pela janela. Fico cada vez mais desesperado e sinto que ela vai matá-lo. Então, ela joga o gato pela janela. Vejo-o caindo e esperneando no ar, apavorado. Ele dá um grito, mas na realidade quem grita sou eu. Acordo com meu grito" (M., 46 anos).

SONHOS E SÍMBOLOS NA ANÁLISE PSICODRAMÁTICA

- *Mensagem central:* traição/impotência/pavor.
- *Marcador de época:* não aparece.
- *Elemento de enquadre:* relação do sonhador com a figura feminina (mãe e mulher).
- *Elementos simbólicos:* gato no colo da mãe/mulher: sentimentos ternos do sonhador e profunda confiança na figura feminina; gato jogado pela janela: rejeição e traição.
- *Relação entre os elementos:* sonhador *versus* cena: observador; gato no colo *versus* mãe/mulher: confiança e aconchego; sonhador *versus* intenção da mulher: surpresa, pavor e impotência; mulher jogando o gato *versus* gato: ódio/traição/rejeição; sonhador *versus* gato caindo apavorado: identificação com o gato.
- *Enredo/decodificação:* entendemos que M. está observando uma dinâmica na sua relação com as mulheres em que deposita uma confiança incondicional e, inesperadamente, se vê traído e rejeitado por elas, tendo a sua relação mãe-filho como modelo dessa dinâmica.

Símbolo *versus* símbolo (sonhador como observador): "Sonho que estou olhando para dois gatos e um passarinho que vão correr e saltar por uma varanda. Um dos gatos e o passarinho combinam que vão parar no beiral. Eles correm, os dois param e o outro gato pula e se esborracha lá embaixo. Nesse momento, ele se transforma numa mulher muito machucada; corro e começo a ajudá-la. Acordo" (S., 42 anos).

- *Mensagem central:* constatação de uma realidade, traição e cumplicidade.
- *Marcador de época:* não aparece.
- *Elemento de enquadre:* relação da cliente com seus familiares.
- *Elementos simbólicos:* passarinho: poder, sexualidade masculina, leveza; gato: desconfiança, autonomia, luxúria, traição.
- *Relação entre os elementos:* sonhadora *versus* passarinho e os dois gatos: posição de observadora; passarinho *versus* gato: cumplici-

dade; passarinho e gato cúmplices *versus* outro gato: traição; sonhadora *versus* gato/mulher ferida e enganada: solidariedade.

- *Enredo/decodificação:* entendemos que a sonhadora comporta-se como observadora e vê que o acordo aparente entre três figuras (dois gatos e passarinho) não é verdadeiro. Existe uma cumplicidade entre duas delas (gato e passarinho), que a outra (gato) não percebe. Identifica-se (presta ajuda) com o elemento enganado (gato/mulher que cai). O fato de o gato virar mulher, no sonho, significa que os símbolos estão representando pessoas. No caso de S., filha única, são possivelmente o pai (passarinho), a mãe (gato cúmplice) e a própria cliente (gato enganado).

ENREDO/DECODIFICAÇÃO DO SONHO

Uma vez obtida alguma estrutura lógica no sonho, estamos diante de seu enredo. Como já foi dito, quanto mais enredo tiver o sonho, mais organizado está o material excluído e maior é o seu valor terapêutico.

Podemos dizer que o enredo do sonho é a mensagem deste decodificada e, portanto, a própria decodificação dele.

Ao decodificarmos o sonho, passamos a relatá-lo ao cliente. O relato do sonho consiste em contá-lo, acrescido das decodificações que foram feitas, isto é: o foco afetivo, o marcador de época, os elementos simbólicos que foram decodificados, os personagens que foram identificados e a relação entre os vários elementos do sonho. É fundamental que durante o relato o terapeuta não exponha suas interpretações pessoais. Ele deve ater-se apenas em decodificar ao máximo as nuanças do sonho do cliente.

A importância terapêutica do relato do enredo/decodificação do sonho é que ele é feito diretamente para a zona de exclusão do cliente. Muitas vezes, esse relato pode parecer incompreensível para o cliente (Eu consciente) e também para o próprio terapeuta, mas o objetivo é promover "algum tipo de sentido intuitivo" para a zona de exclusão do psiquismo do cliente.

A resposta de que o relato do enredo do sonho foi eficiente e fez sentido para a zona de exclusão é dada na medida em que, nos próximos sonhos, apareçam repetições de elementos do sonho ou então do próprio enredo. É isso que, na análise psicodramática, denominamos interface com a zona de exclusão.

Ao fazer o relato do enredo do sonho diretamente para a zona de exclusão, sem a interferência do Eu consciente, conseguimos organizar um pouco mais o material excluído que está vindo à tona no psiquismo do cliente e, ao mesmo tempo, estimulamos para que ele continue sonhando e trazendo esse material. Quando isso acontece, começamos a ter sequências de sonhos e trabalhamos o material excluído na própria zona de exclusão.

INTERPRETAÇÃO DO SONHO

A interpretação é o entendimento psicológico da mensagem do sonho. É sempre uma hipótese do terapeuta e só vai ser verdadeira quando fizer algum sentido emocional para o cliente. Para elaborar essa hipótese, o terapeuta vai se basear no material que compõe o sonho (foco afetivo, marcador de época, elementos simbólicos, personagens, relação entre os elementos e enredo) e lhe dar uma linguagem técnico-científica (psicológica).

O terapeuta tentará entender o sonho dentro da dinâmica de personalidade do cliente, na fase de terapia e de vida em que ele se encontra, e no referencial teórico da escola à qual o terapeuta pertence.

Assim, o terapeuta deve utilizar-se da linguagem decodificada do próprio sonho do cliente, ao passo que em sua interpretação ele deve usar a linguagem do entendimento psicológico do sonho.

No relato do enredo do sonho, o terapeuta trabalha o material excluído na própria zona de exclusão do cliente, e a resposta do trabalho é dada pelos sonhos subsequentes, à medida que os elementos ou o próprio enredo se repetem. Na interpretação do sonho, o terapeuta traz o material excluído (conteúdo latente) para a esfera de entendimento do Eu consciente e, portanto, confronta-o diretamente com o conceito de identidade vigente, sendo a resposta terapêutica dada pela aceitação e pela integração do material excluído no conceito de identidade.

Tenho utilizado muito mais o relato do enredo/decodificação até que o psiquismo do cliente possa ir trabalhando o sonho e trazendo outros, cada vez mais claros, tanto de enredo como de símbolos para só então lançar mão da interpretação. Uso a interpretação quando o sonho já está quase interpretado por si próprio e, dessa forma, em condições de ser assimilado pelo conceito de identidade. Na análise psicodramática, utilizaremos a interpretação do sonho conforme apresentado a seguir.

Interpretação centrada na dinâmica do cliente

Nesses casos, o terapeuta interpreta o sonho com base na dinâmica de personalidade do cliente, na sua fase de terapia e nos acontecimentos da sua história de vida. É um tipo de interpretação que está relacionado com o momento da psicoterapia e com a própria dinâmica do *setting* terapêutico.

Interpretação centrada nos outros sonhos

O terapeuta interpreta determinado sonho correlacionando-o com outros do cliente. É uma interpretação bastante utilizada, pois ajuda na organização da produção onírica dele. O terapeuta pode correlacionar os elementos repetidos ou mesmo a trajetória de determinado símbolo na sequência dos sonhos.

Tomemos o exemplo de G., 34 anos, que tem fobia de baratas: "Sonho que estou sentada no vaso sanitário e vejo sair pelo ralo do banheiro uma enorme barata avermelhada. Fico apavorada e saio correndo do banheiro. Acordo".

A cliente relata que o tamanho e o tom vermelho da barata não são comuns.

- *Mensagem central:* medo e fuga.
- *Marcador de época:* não aparece.

SONHOS E SÍMBOLOS NA ANÁLISE PSICODRAMÁTICA

- *Elemento de enquadre:* banheiro: intimidade da sonhadora.
- *Elemento simbólico:* barata enorme e avermelhada que sai do ralo: conteúdos viscerais pouco nobres e não aceitos que estão surgindo do subterrâneo psíquico da sonhadora.
- *Relação entre os elementos:* sonhadora *versus* barata: medo e evitação.
- *Enredo/decodificação:* G. está em contato com sua intimidade (banheiro) quando começam a aparecer conteúdos internos viscerais, sentimentos, pensamentos, percepções, intenções que não são aceitos pelo seu Eu (barata) e a deixam apavorada. A sonhadora foge do contato com eles (foge da barata).

Na sessão seguinte, a mesma cliente conta outro sonho: "Estou saindo de um carro. Meu marido está comigo (mas ele não é ninguém que conheço) e percebo, surpresa, que estou com uma grande cabeleira avermelhada. Acordo".

G. tem cabelos castanho-escuros e nunca os tingiu de vermelho. Relata na pesquisa que o tom vermelho do cabelo é o mesmo da barata do sonho anterior.

- *Mensagem central:* surpresa de constatação.
- *Marcador de época:* não aparece.
- *Elemento de enquadre:* percepção de si mesma.
- *Elementos simbólicos:* saindo do carro: afastando-se de algum tipo de ação ou projeto em companhia dessa figura masculina; cabeleira vermelha: pensamentos (cabelo) de conteúdos emocionais muito fortes (vermelho).
- *Personagens:* marido (como não se parece com o marido verdadeiro, entendemos que é uma figura masculina que tem uma intimidade semelhante).
- *Relação entre os elementos:* sonhadora *versus* personagem: saindo da influência; sonhadora *versus* símbolo: surpresa de constatação.

- **Enredo/decodificação:** G. está saindo ou afastando-se momentaneamente de uma companhia masculina, com a qual tem alguma intimidade, e se dá conta de que tem pensamentos com intensa carga emocional.

Pela sequência dos dois sonhos constatamos que o vermelho é um elemento que se repete tanto na barata (objeto fóbico) como na cabeleira (conjunto de pensamentos da sonhadora). Isso nos permite correlacionar os conteúdos viscerais pouco nobres (barata do esgoto) com os pensamentos da sonhadora (cabelo da mesma cor da barata). Assim podemos interpretar esses sonhos com base nos próprios sonhos.

- **Interpretação:** G. está surpresa por começar a identificar em seus pensamentos conteúdos pouco nobres, que tinha pavor de admitir e estava concentrando-os na barata por um mecanismo de deslocamento.

Interpretação centrada no entendimento teórico

O terapeuta faz um entendimento teórico baseado em determinada escola de psicologia para o enredo do sonho. Dessa forma, temos interpretações baseadas na escola freudiana, junguiana, nos conceitos da bioenergética e em muitos outros. É uma interpretação da psicopatologia aplicada à dinâmica daquele cliente. Na análise psicodramática esse tipo de interpretação deve ser utilizado somente quando o sonho já se encontra bastante claro; caso contrário, a possibilidade de erro é muito grande. Se o terapeuta faz uma interpretação equivocada, ele corre o risco de inibir a continuação dos sonhos do cliente ou de rotular determinados elementos e não de elucidá-los. É mais seguro, quando não se tem a certeza da interpretação, fazer apenas a decodificação do sonho e aguardar até que os próximos sonhos clareiem os elementos simbólicos, e só interpretar quando se tiver certeza a respeito deles.

SONHOS E SÍMBOLOS NA ANÁLISE PSICODRAMÁTICA

SONHOS DE PRIMEIRA ZONA DE EXCLUSÃO

São os sonhos que trazem à tona o material excluído da primeira zona de exclusão. Sua principal característica são as sensações, e o importante no sonho são as sensações que ele provoca no sonhador e não a simbologia ou o enredo. O material excluído que compõe a primeira zona de exclusão é um material cenestésico e as vivências da fase intraútero, da fase da formação dos modelos de ingeridor, defecador e urinador, e também vivências cósmicas incorporadas nos primeiros contatos do recém-nascido com as energias contidas no ar. As principais vivências cenestésicas entre essas fases são a intraútero e a da formação dos modelos.

FASE INTRAÚTERO

As vivências intraútero são captadas pelo feto, principalmente no último trimestre da gravidez, e ficam registradas como sensações no psiquismo do bebê. Ao nascer, ele já tem uma série de vivências registradas como sensações no seu PCI. Elas aparecem em sonho com alguma frequência, podendo ser vivências agradáveis ou de rejeição, de hostilidade, de abandono etc. Como visto em psicopatologia, rejeições e abandono vividos na fase intraútero são responsáveis pelas dinâmicas psicopatológicas do esquizoide. Um bom exemplo é o seguinte:

"Sonhei que via um peixinho nadando em uma água clara e morna. Era uma sensação muito boa. Eu o observava nadando e tinha a sensação de também estar nadando. Eu me sentia leve e livre, assim como o peixe. Acordei com uma sensação de bem-estar".

Esse sonho de M., 45 anos, ocorreu no final da terapia e foi entendido como o resgate de uma vivência de aceitação e acolhimento da figura materna internalizada.

Outro exemplo é o de Z., 40 anos, que está trabalhando seu núcleo esquizoide.

"Sonhei que estava sentada em uma cadeira, tipo poltrona de dentista, em uma sala toda de aço escovado, sem portas. Ao meu redor havia um círculo de mísseis, todos apontados para mim. Eu não podia me mexer. Se me mexesse, os mísseis seriam disparados todos ao mesmo tempo e eu seria reduzida a pó. Havia um visor ao meu lado pelo qual podia ver qualquer movimento que eu fizesse. Tento ficar o mais imóvel possível. Em determinado momento, vejo, horrorizada, que o visor mostra um movimento e sei que os mísseis serão disparados. Acordo suando."

Entendemos esse sonho como uma vivência intraútero (sala de aço escovado) de rejeição (aço/duro) e hostilidade (mísseis) que possivelmente seja a causa do núcleo esquizoide dessa mulher.

P., 42 anos, também com uma dinâmica esquizoide, tem o seguinte sonho:

"Eu estava dentro de uma casa bem velha, abandonada e com aparência lúgubre. O local é muito úmido, sinto bastante frio e estou muito só. Vejo por uma vidraça que há um jardim lá fora. O dia está ensolarado, mas eu não posso sair de dentro dessa casa. Acordo".

Esse sonho traz uma vivência de abandono (frio e solidão) intrauterina (casa abandonada e de aparência lúgubre).

Como vimos, nesses sonhos a simbologia é bastante clara e a tônica são as sensações do sonhador.

FASE DA FORMAÇÃO DOS MODELOS

A fase da formação dos modelos de ingeridor, defecador e urinador ocorre desde o nascimento até mais ou menos os 2 anos de idade. Lembremos que essa é uma fase cenestésica. As sensações ocupam um lugar mais importante que pensamentos, sentimentos e percepções. É sobre as sensações das funções somáticas que se estabelece a parte psicológica que, posteriormente, vai se desvinculando. Essa desvinculação entre o aspecto somático e o psicológico é parcial, uma vez que resta o vínculo psicossomático. Nessa fase, vamos ter uma série de vivências responsáveis pela transformação do psiquismo caótico e indiferenciado (PCI) em psiquismo organizado e diferenciado (POD). Uma das principais é o surgimento de climas afetivos facilitadores e climas afetivos inibidores. Na presença destes últimos não ocorre a transforma-

SONHOS E SÍMBOLOS NA ANÁLISE PSICODRAMÁTICA

ção completa do PCI em POD e, portanto, restam zonas de PCI convivendo com o POD. Essas zonas de PCI serão constituídas por volta dos 2 anos, na primeira zona de exclusão, e são tamponadas pelos vínculos compensatórios.

Uma vez que a zona de PCI ficou tamponada pelo vínculo compensatório, as vivências nela contidas ficam como que congeladas no tempo e só são revividas quando se rompe ou se desmonta o vínculo compensatório. Assim, essas vivências ficam registradas da mesma forma e com a mesma intensidade que foram vivenciadas pela criança até os 2 anos de idade e é assim que serão revividas pelo adulto. É desse modo que aparecem nos sonhos de primeira zona de exclusão.

Os principais registros cenestésicos que ficam na primeira zona de exclusão são os do clima afetivo inibidor, do núcleo de carência estrutural e das tensões crônicas de expectativa, apresentados a seguir:

- *Clima afetivo inibidor:* é vivenciado no sonho e também revivido no adulto como sensação de morte, de "sem saída" e de desamparo intenso. Lembremos que os principais climas afetivos inibidores são os de ansiedade, rejeição, abandono, hostilidade, medo, punição e restrição.
- *Núcleo de carência estrutural:* é vivenciado no sonho, e também no adulto, como uma sensação de falta, de intenso desencanto com tudo. Costumo dizer que é como se a vida tivesse ficado cinza. Lembremos que essa sensação de "falta" é uma sensação de "falta estrutural de desenvolvimento psicológico" (desenvolvimento do modelo) que estava prevista pelos códigos genéticos da própria espécie para ocorrer de determinada forma e se deu de modo incompleto, restando uma sensação de que falta algo. A sensação de falta estrutural é a falta de algo que deveria ter acontecido e não aconteceu, o que, no desenvolvimento, é a transformação completa do PCI em POD.

VICTOR R. C. S. DIAS

■ *Tensão crônica de expectativa:* é vivenciada no sonho e também revivida no adulto como uma sensação de expectativa intensa e vaga de que algo precisa acontecer, mas ainda não aconteceu. É vivenciada como um clima afetivo. Lembremos que essa tensão crônica acaba sendo vivenciada no corpo, como zonas de tensão, de desenergização ou de acúmulo de gorduras, e no psicológico como uma intensa sensação de expectativa de algo (desenvolvimento do modelo) que deveria acontecer, ainda não aconteceu e a qualquer momento pode acontecer (completar o desenvolvimento do modelo).

Um exemplo desse tipo de sonho é o de S., 27 anos:
"Sonhei que via uma fumaça branca que ia me envolvendo e tomando uma forma vaga. Começo a ter uma forte sensação de sufocamento e acordo". É um sonho em que o foco central é uma sensação do sonhador. Entendemos esse sonho como um clima inibidor (fumaça) de opressão (sufocamento).

Outro exemplo é o de B., 42 anos:
"Sonhei que descia por dentro de um prédio e chegava ao pátio, lá embaixo. Comecei a atravessá-lo e uma fumaça verde me envolveu. Tinha a sensação de que era um ácido que me corroeria. Acordei sobressaltada". É também um sonho cujo foco é uma sensação de B. de que ia ser queimada pelo ácido (fumaça verde). Entendemos esse sonho como voltar ao passado ou descer ao fundo de si mesma (descendo o prédio) e, em seguida, entrar em contato com um clima inibidor que sugere sentimentos de inveja, corrosão e destruição (fumaça verde de ácido).

VIVÊNCIAS CÓSMICAS

Uma série de sensações que o bebê capta, possivelmente pelos primeiros contatos com o ar (pulmão/ar). Supomos que essas vivências estejam contidas como energia no ar que nos rodeia e poderiam ser captadas em nível cenestésico nesses primeiros contatos com a atmosfera. Isso poderia eventualmente explicar,

SONHOS E SÍMBOLOS NA ANÁLISE PSICODRAMÁTICA

sem auxílio místico, as vivências de vidas passadas, arquétipos e características astrológicas da fase de nascimento. Ou, ainda, a capacidade de estar em contato, por intermédio das sensações cenestésicas, com toda a energia que nos rodeia e nos une. Seria também uma possível explicação para os fenômenos da sincronicidade (Jung) e do inconsciente coletivo (Moreno). Os sonhos que apresentam vivências cósmicas reforçam para o sonhador a sensação de pertencer. Trazem a sensação de "pertencer a algo", de "fazer parte" do cosmo.

SONHOS DE REPARAÇÃO

Os SONHOS DE REPARAÇÃO permitem que o sonhador repare o material excluído com o próprio sonho ou dentro dele.

A forma de abordagem proposta pela análise psicodramática é uma psicoterapia dentro da própria zona de exclusão, ou seja, os sonhos de reparação se tornam cada vez mais frequentes à medida que se trabalham, pela via da decodificação dos sonhos, todos os conflitos contidos no material excluído.

Os sonhos de reparação, em sua maioria, não necessitam de decodificação ou de interpretação, mas de clareamento, compreensão e constatação apenas de que o sonhador "solucionou" o conflito por meio desse sonho específico, ou, então, dentro dele.

Embora se saiba, pela experiência prática, que as reparações contidas no sonho acabam produzindo modificações no comportamento do sonhador depois de certo tempo, desconhecemos como isso acontece. Estudos recentes no campo da neurociência podem fornecer uma explicação possível.

Na década de 1990, estudos da neurociência realizados em macacos levaram a formular o conceito de *neurônios-espelho*. O conceito partiu do dado experimental que um macaco do estudo, ao apanhar um amendoim, disparava a carga de um grupo de neurônios. Constatou-se que outro macaco, que apenas observou a cena, disparou o mesmo grupo de neurônios. O aprofundamento dessa análise levou à conclusão de que o macaco que realizou a ação teve um determinado registro e o que apenas observou teve um registro semelhante. É como se o segundo macaco tivesse também realizado a ação.

Esse estudo levou à formulação do conceito de que existem *neurônios-espelho* capazes de registrar ações observadas ou até mesmo imaginadas como se fossem reais.

A hipótese considerada com base nessa constatação é de que as ações observadas ou imaginadas acionam os neurônios sensitivos e estes, por sua vez, acionam os *neurônios pré-motores* (preparam para a ação). A sequência normal seria a de que os neurônios pré-motores acionariam os neurônios motores e estes desencadeariam a ação. A conclusão possível é a de que o acionamento dos neurônios sensitivos e dos pré-motores diante de uma ação observada ou imaginada pode ficar registrado pela ação dos neurônios-espelho como uma ação vivenciada, embora ela não tenha acontecido na realidade (descarga dos neurônios motores). Os neurônios-espelho guardariam os registros dos neurônios sensitivos e dos pré-motores.

Essa hipótese explica o poder reparatório das cenas psicodramáticas que encontramos no psicodrama moreniano. Ao jogar a cena no contexto dramático, o cliente vive uma situação que não aconteceu na realidade objetiva da vida, mas sim no contexto dramático. É o que ocorre também nas psicoterapias cognitivas que trabalham com vivências imaginadas que reparam situações conflitadas na vida real ou então nas técnicas de dessensibilização. É também o que ocorre nas técnicas de sensibilização corporal e do psicodrama interno na análise psicodramática. *Embora o registro, via neurônios--espelho, possa ser o de que há possibilidade de o fato observado ter ocorrido, o Eu consciente sabe que ele não ocorreu de verdade.*

Quando avaliamos as vivências que ocorrem nos sonhos ou sob situações de hipnose, constatamos que o Eu consciente sabe muito pouco a respeito da realidade objetiva ou não dessas vivências. Durante o sonho ou a vivência hipnótica, o estado de consciência é tão pequeno que às vezes o indivíduo, mesmo depois de acordado, fica em dúvida quanto à ocorrência ou não da vivência em termos reais e objetivos. Acreditamos que, nessas situações, o poder reparatório dessas vivências é muito maior. *Quando o Eu consciente está bastante afastado na vivência do sonho, acreditamos que as vivências nos neurônios sensitivos e nos pré-motores por elas acionados ficam registradas nos neurônios-espelho como se de fato tivessem ocorrido.*

Levando em conta esses argumentos, podemos dizer que:

As vivências reparatórias do sonho acionam os neurônios sensitivos e os neurônios pré-motores produzindo, assim, uma sensação registrada nos neurônios-espelho de que tais vivências realmente ocorreram. Tais vivências terão maior ou menor poder reparatório dependendo da intensidade de envolvimento do Eu consciente do sonhador. Quanto menos interferência do Eu consciente do sonhador, maior o poder de reparação da vivência sonhada.

Temos dois tipos básicos de sonhos de reparação, explicados na sequência.

REPARAÇÃO PELO PRÓPRIO SONHO

A reparação pelo próprio sonho é quando este, como um todo, repara uma situação conflitante trazida pelos sonhos anteriores. Dessa maneira, o sonho repara o material excluído dentro da própria zona de exclusão, e o resultado desse processo surgirá nos sonhos subsequentes e também numa posterior mudança de comportamento do indivíduo.

Um bom exemplo é o de G., 40 anos, que, ao final de um longo período de terapia, sonhou:

"Vejo um poço escuro e profundo. Estou puxando um balde, como se fosse um poço de água, com uma corda. O balde vem cheio de musgo e de material decomposto. Faço isso várias vezes e parece que não acaba mais. Não vejo o fundo do poço e o material decomposto vai formando vários bolos no chão. Vejo vários buracos no chão e penso que vou enterrar essas cordas e o material decomposto. Acabo de puxar a última corda e enterro todo o material. Olho novamente para o poço e ele está totalmente claro, limpo e azulejado. Olho para onde enterrei as cordas e o material decomposto e vejo que está nascendo grama. Penso que o lugar vai ficar muito bonito. Acordo".

Entendemos esse sonho como um resumo do processo terapêutico de G. até essa fase, em que as cordas e o material decomposto são parte do material excluído que foi trabalhado. O poço é a própria zona de exclusão, que foi sendo limpa e integrada no psiquismo. O material excluído foi elaborado e transformado em novas vivências (grama nova).

Outro exemplo é o de N., 42 anos, que está trabalhando e libertando-se da influência de sua mãe.

"Sonhei que estava com minha mãe e meu irmão do meio em um lugar descampado. Tínhamos de atravessar um rio. A água era muito suja, cheia de folhas e outras sujeiras bem escuras. Minha mãe atravessa com a água no pescoço e eu digo que não vou atravessar. Ela chama e insiste. Fico em dúvida, mas reafirmo que não vou entrar, pois, além de suja, a água está gelada. Meu irmão começa a atravessar, mas volta para a margem. Sinto uma grande segurança interior quanto à minha decisão e digo que por ali eu não atravessaria nunca. Olho para o outro lado e vejo um lugar com pouca água, areia muito branca, que é bem fácil atravessar. Fico triunfante: eu sabia que existia um modo mais fácil de atravessar esse rio. Acordo."

Entendemos que nesse sonho N. está se libertando da influência da mãe em relação a uma passagem da vida (atravessar o rio) que, no enfoque da mãe, está ligada a sentimentos negativos (água suja) e pouco acolhedores (água gelada). Ela encontra, no próprio sonho, um jeito de atravessar essa fase; de forma mais fácil (água rasa) e acolhedora (areia branca).

REPARAÇÃO PELA INTERVENÇÃO DO EU CONSCIENTE

A reparação pela intervenção do Eu consciente acontece quando, em determinado momento de conflito no sonho, o sonhador

SONHOS E SÍMBOLOS NA ANÁLISE PSICODRAMÁTICA

pensa ou conversa consigo mesmo, usando uma nova forma de resolver a questão. Muitas vezes o sonhador pensa ou fala consigo mesmo, ou então escuta uma voz que dá essa nova diretriz. Os resultados são sentidos nos sonhos posteriores e também numa mudança de comportamento do indivíduo.

L., 62 anos, conta:

"Sonhei que entrava em um elevador com várias pessoas. Ele começa a subir e uma mulher acende um cigarro. Penso que isso não é bom, que vai ficar muito esfumaçado, então resolvo falar com ela. Me aproximo e gentilmente explico a ela a inconveniência de fumar naquele lugar fechado. Ela me escuta e apaga o cigarro em um cinzeiro de bolso, que percebo ser o mesmo que uso. Acordo".

Nesse sonho, a mulher com o cigarro é a própria sonhadora (usa o mesmo cinzeiro de bolso), e esta é seu próprio Eu consciente (pensa e resolve dentro do sonho). Duas semanas após esse sonho, L., que era tabagista havia 40 anos, tomou a decisão, sem fazer qualquer ligação consciente com o sonho, de parar de fumar.

Outro exemplo é o de R., 44 anos:

"Sonhei que passava por uma estradinha; de um lado havia uma montanha e, de outro, uma espécie de abismo. Quando tento atravessar para chegar do outro lado, surgem do abismo muitos cavalos selvagens que ficam pulando e tentando me morder. Volto para trás assustada. Penso que se eu passar pela estrada, bem encostada na montanha, eles não poderão me alcançar. Faço isso e passo para o outro lado. Acordo".

Entendemos esse sonho como uma tentativa de R. ultrapassar uma fase de sua vida. Nessa passagem, ela entra em contato com impulsos instintivos que podem impedi-la de alcançar o outro lado. A intervenção do Eu consciente faz que ela consiga evitar o contato com esses impulsos e resolva a situação.

O MANEJO DOS SONHOS NA ANÁLISE PSICODRAMÁTICA

Como já vimos, consideramos os sonhos codificados material soberano na psicoterapia, uma vez que neles está presente o próprio material excluído, cujo resgate é o objetivo principal do processo psicoterápico.

Lembremos que na psicoterapia por sonhos, dentro da análise psicodramática, trabalhamos sempre os sonhos codificados de duas formas concomitantes:

1 Decodificação do sonho e formação da interface entre o terapeuta e a zona de exclusão do cliente.
2 Pesquisa do sonho com o auxílio do Eu consciente do cliente.

Dessa maneira, só utilizamos a interpretação em situações específicas e passamos a usar principalmente a decodificação dos sonhos. Nossa proposta é a de que o material excluído, que está contido no sonho, seja pouco a pouco respondido pelo próprio sonho, conforme os elementos e o enredo vão se repetindo até se tornar claramente compreensíveis.

OS SONHOS DE MATERIAL TERAPÊUTICO

EM PRINCÍPIO, TODOS OS sonhos trazem à tona material terapêutico. Mas não são todos os sonhos que servem para ser decodificados e trabalhados durante a psicoterapia. Vamos focar aqui os sonhos de segunda zona de exclusão, que ocorrem em maior volume durante o processo de psicoterapia e cuja simbologia é mais variada e intrincada.

Os sonhos de realização de vontades e os de constatação são os mais fáceis de trabalhar e normalmente não apresentam material codificado; quando apresentam, é um material de fácil decodificação.

Os sonhos de primeira zona de exclusão são extremamente importantes e, em geral, ocorrem sobretudo no final do processo psicoterápico, quando se dá o resgate da primeira zona de exclusão. Dessa maneira, eles são menos numerosos e sua grande importância está no fato de terem sido sonhados. Portanto, a grande importância é a vivência do próprio sonho.

Os sonhos de segunda zona de exclusão e os de reparação, na verdade, constituem o maior volume de sonhos durante a psicoterapia. A primeira abordagem para trabalhar os sonhos é fazer que o cliente comece a se interessar pelos seus sonhos. Em outras palavras, que ele passe a entrar em contato com eles. É o que em algumas linhas denomina-se incubar o sonho. Costumamos apenas pedir ao cliente que comece a tentar lembrar de seus sonhos e anotá-los e damos uma explicação sobre a importância deles no processo da psicoterapia. Em geral, isso é suficiente para que o cliente "comece a sonhar".

Há clientes que dizem: "Sei que sonhei, mas não consigo me lembrar do sonho". Essa informação denota que o mundo interno do cliente está começando a ser mobilizado, mas não a ponto de tornar-se consciente, ou seja, lembrar-se do sonho. Isso acontece normalmente no início da terapia por sonhos e também quando há um bloqueio no próprio material onírico.

Outros clientes começam a trazer sonhos que não apresentam enredo, mas sim uma sequência longa e detalhada de símbolos após símbolos, que têm pouco valor terapêutico, além de serem praticamente impossíveis de decodificar.

Nesses casos, o material excluído está começando a aparecer, mas ainda de forma desorganizada, pouco elaborada e sem enredo. A tendência é que, ao apontar um ou outro símbolo, os sonhos comecem a repetir os símbolos e a formar também algum tipo de enredo.

Esse tipo de sonho pode ocorrer em clientes com muita dificuldade para se tornar introspectivos e também naqueles que estejam mobilizando defesas do tipo hipomaníacas ou maníacas. Ou, ainda, quando o cliente tenta anotar o sonho durante a noite ou na madrugada, quando ele ainda está com muito material codificado.

A melhor maneira é orientar o cliente a anotar o que ele conseguiu reter do sonho depois de acordar, mesmo que seja apenas um pequeno *flash*, pois é esse material que está permitindo, mesmo que codificado, tornar-se consciente. O sonho que apresenta melhor rendimento como material terapêutico é aquele que, embora codificado, apresenta algum tipo de enredo.

A INTERAÇÃO ENTRE O MATERIAL ONÍRICO TRABALHADO E AS MODIFICAÇÕES NO EU CONSCIENTE

Temos observado uma série de ocorrências na psicoterapia de nossos clientes com a utilização do método de decodificação dos sonhos. A primeira delas é que as modificações que acontecem na psicoterapia por sonhos são de "dentro para fora", ou seja, o cliente começa a sentir várias mudanças no comportamento, na forma de sentir, nas percepções, na maneira de pensar e na observação das intenções para só então entender o que realmente se passou.

Isso ocorre porque o material excluído, que está vindo à tona trazido pelos sonhos, vai sendo trabalhado na própria zona de exclusão e gradativamente se integra ao Eu consciente.

Muitas vezes, a sequência de sonhos acaba desembocando em um *insight*. Entendemos isso como material excluído que vinha sendo trabalhado no sonho e acaba sendo revelado ao Eu consciente.

A sequência dos sonhos de R., 48 anos, é um bom exemplo dessa fase da psicoterapia:

"Sonho que estou assistindo a uma aula no curso (R. é advogada e está fazendo um curso de aperfeiçoamento) e vejo entrar uma mulher que me chama a atenção. Ela está bem-vestida e aparenta ser muito competente. De repente, percebo que ela está usando um dos meus casacos, o vermelho, e acordo".

SONHOS E SÍMBOLOS NA ANÁLISE PSICODRAMÁTICA

Concluímos que, ao não se julgar bem-sucedida profissionalmente, R. entra em contato com um lado idealizado representado pela mulher bem-sucedida. O fato de estar usando um de seus casacos é entendido como sendo uma parte dela e isso é dito na decodificação.

"Sonho que estou na parte de fora de um *shopping center* esperando por alguém com quem farei uma viagem. Alguém me toca de leve no ombro e quando olho é a mesma mulher do sonho anterior. Ela me diz para acompanhá-la e saímos andando. Passamos por vários locais, por uma praça, e, de repente, estamos atravessando um grande porão ou uma fábrica abandonada. É um lugar escuro. Ela se transforma em uma sombra projetada na parede, que me acompanha. Em seguida, já estou na sala de minha casa. Está acontecendo uma espécie de festa e vejo uma sombra debaixo de um aparador. Vou até lá e vejo que é minha cachorra que está deitada. Acordo." (R. tem uma cachorra à qual é muito ligada)

Depreendemos, nesse sonho, que R. fará uma viagem (inspeção dentro do seu próprio Eu). Passa por vários lugares (deslocamentos espaciais são decodificados como deslocamentos temporais), atravessa um porão ou galpão escuro (decodificado como uma região menos conhecida da sua própria vida) e chega em sua casa (seu Eu atual). No trajeto, a mulher (personagem) que representa um lado de R. transforma-se em sombra e finalmente se identifica com sua cachorra (lado de R. projetado na cachorra). Esse sonho pode ser entendido como um avanço em relação ao sonho anterior, pois R. traz uma identificação entre um lado seu desejado e idealizado, que havia aparecido no ambiente profissional, e um lado seu mais próximo, na vida privada e com conteúdos fortemente afetivos (na decodificação, os animais estão na maioria das vezes ligados a sentimentos ou impulsos).

"Sonho que estou acariciando minha cachorra (a mesma do sonho anterior) e, de repente, minha mão e meu braço parecem ser continuação da pata dianteira dela. Sinto a minha mão como sendo a pata dela e acordo."

R. não relata angústia nesse sonho, mas uma grande sensação de intimidade com sua cachorra. Entendemos que ela está entrando cada vez mais em contato com esse seu lado projetado na cachorra e começa a integrá-lo (fusão entre a sua mão e a pata do animal) no Eu consciente.

"No meu sonho, parece que estou voando em direção a uma construção branca, estilo mediterrâneo, com várias palmeiras e jardins. Acordo sobressaltada e muito angustiada."

Imediatamente após acordar, R. recorda "como se fosse hoje" (revive) uma situação em que se sentia totalmente esquecida (*insight*). Ela se lembra de que, aos 6 anos de idade, foi passar uma semana na praia, num hotel (que ela identifica como a construção branca do sonho), e de que seus pais estavam tentando uma reconciliação. Eles haviam se separado. O pai tinha saído de casa algum tempo antes. R. lembra também que, antes disso, seu cachorro de estimação tinha desaparecido. Ela relembra que estavam na varanda do hotel quando ouviram uma forte freada. Disseram que um ônibus tinha atropelado um cachorro. Ela se lembra de ter sentido grande angústia, de ter atravessado, gritando e se batendo com as mãos, uma espécie de galpão do hotel (ela identifica esse local com o porão escuro do outro sonho) e de que, ao sair, sentir uma calma muito esquisita. Conta que após essa viagem continuou esquisita; que foi levada a um psiquiatra e fez ludoterapia.

Entendemos, nessa revivência, que R. sofreu um processo de dissociação, que se confirma quando ela relata o desaparecimento de uma sensação de vazio que sempre a acompanhou na mente. Ela acaba entendendo que se sentia responsável pelo cachorro que fora atropelado e, na verdade, essa culpa era pela separação dos pais. Entende também que a sensação de vazio na mente sempre atrapalhou sua concentração nos estudos.

Após trabalhar esses entendimentos, R. teve dois sonhos, repetindo elementos num processo de reparação (sonho de reparação).

"Sonho que estou sentada em uma varanda, de frente para o mar, em um local que não identifico. De repente, noto algo esquisito em uma onda que está vindo. Gradativamente, vejo um vulto que vai tomando forma.

SONHOS E SÍMBOLOS NA ANÁLISE PSICODRAMÁTICA

Quando chega na praia, vejo que é um cachorro, que sai do mar, agita-se para livrar-se da água no corpo e sai andando pela praia. Acordo."

Nesse sonho, R. recupera uma série de sentimentos (cachorro) que vem saindo das profundezas da zona de exclusão (mar) e entra no seu Eu consciente. O cachorro é um símbolo ligado a um lado afetivo de R., que estava excluído e foi sendo integrado ao Eu consciente.

"Sonho que estou em minha casa. Ouço uma forte freada, saio e vejo um ônibus. Sei que ele atropelou um cachorro. Vou até lá e vejo um cachorro preso debaixo da roda do ônibus. Acredito que esteja morto. Me aproximo, vejo que ele está vivo, com os pelos presos sob a roda. Pego uma tesoura e corto os pelos que o prendem. Ele sai abanando o rabo, vai embora e eu acordo."

R. revelou ter uma grande sensação de alívio após esse sonho. Foi um sonho de reparação dentro do próprio material simbólico trabalhado. Ela pôde interferir na simbologia da sua sensação de culpa e libertar-se dela, o que de fato ocorreu, além de ter mudado sua relação com os cachorros. Ela sentia muita pena e culpa por eles.

Podemos ver que o sonho trouxe mensagens simbólicas de material que estava excluído até que este pôde ser assimilado pelo Eu consciente, trazendo a lembrança do fato real que fora depositado na zona de exclusão.

Há ocasiões em que, em vez de promover mudanças gradativas ou *insights,* o sonho promove mudanças súbitas.

Um exemplo interessante é o sonho de C., 30 anos. É uma moça alta e bonita, mas com acúmulo de gordura na altura das coxas, formando culotes nessa região. C. vem trabalhando basicamente os sonhos na terapia, e tem surgido material de repressão sexual. Então ela relata:

"Sonhei que estava conversando com um homem que não consigo saber quem é. Ele me mostra um *spray* que serve para eliminar gordura. Pego esse *spray* e aplico o conteúdo nos meus culotes. Imediatamente eles começam a derreter. Aplico-o também na minha barriga. Em vez de derreter, começa a sair uma série de bichos que parecem lombrigas. Acordo".

Na decodificação do sonho de C., entendemos que ela começa a trabalhar um material psicológico que estava imobilizado ao redor do anel inguinal (culotes derretendo), ao mesmo tempo que liberta conteúdos viscerais (vermes saindo da barriga) possivelmente ligados a dinâmicas sexuais. Após alguns dias, e sem fazer regime, C. começa a perder os culotes. Hoje, passados três anos, ela continua sem os culotes. Depois desse sonho, C. começou a resolver suas dinâmicas sexuais.

Outro exemplo é o de uma sequência de sonhos de K., 55 anos, que veio para a terapia com uma queixa de impotência sexual. Embora algumas vezes sinta desejo, não consegue ter ereção. Sabemos que K. teve uma educação moral muito rígida.

"Sonho que estou abraçado com uma mulher mais alta do que eu. Minha cabeça bate no queixo dela e ela está usando um vestido de algodão. É uma situação erótica e estou com muito tesão. Abaixo a mão para tocar o sexo dela, mas antes esbarro em meu pênis e percebo que estou sem ereção. Acordo."

Nesse sonho K. está vivenciando uma situação erotizada com alguma figura feminina de seu passado, pois a diferença de altura nos faz pensar nele quando tinha entre 10 e 14 anos de idade. Acontece a mesma queixa de agora, como adulto, onde sente tesão, mas não tem a ereção.

"Sonho que estou na cama com a minha mulher e tenho ereção. Tento penetrá-la, mas não consigo. Meu pênis não encontra o orifício vaginal. É como se batesse na perna dela. Acordo."

"Sonho que estou em pé com uma mulher que não consigo identificar. Estamos em um canto meio escuro e tenho uma ereção. Tento penetrá-la, mas não encontro o orifício vaginal, parece que meu pênis bate na perna dela. Acordo."

Os dois sonhos aconteceram cerca de três meses depois do primeiro, com vários outros nesse intervalo. Entendemos a situação como se essas mulheres não tivessem vagina, o que permite uma vinculação entre uma figura feminina do passado (segundo sonho) e sua própria mulher (primeiro sonho).

SONHOS E SÍMBOLOS NA ANÁLISE PSICODRAMÁTICA

Depois desses dois sonhos, K. conseguiu manter relações sexuais com sua mulher de forma efetiva e prazerosa. Durante uma das sessões, K. relembrou diversos episódios de sua adolescência. Um deles aconteceu quando tinha 12 anos e soube da gravidez de sua mãe. Não conseguia conceber o fato de ela ter tido sexo. Outro, aos 14 anos, em que achava que as mulheres tinham relação por trás, pelo ânus; e finalmente aos 18 anos, quando teve sua primeira relação sexual e ficou muito chocado ao descobrir que a mulher tinha pelos pubianos. Relatou também nunca ter examinado uma vagina e só ter uma vaga ideia de como era. Na semana seguinte:

"Sonho que estou sentado, com muito tesão e com ereção. Uma mulher que não identifico senta-se no meu colo. Sinto meu pênis penetrar em sua vagina. É um sonho muito prazeroso. Acordo".

Entendemos que com este sonho K. conseguiu "formar e aceitar uma vagina" nessa figura feminina, que pode ser a mesma do passado.

Essas são as modificações mais comuns que ocorrem no trabalho com os sonhos quando se utiliza o método da decodificação dos sonhos na análise psicodramática.

Temos notado, também, que o fato de utilizarmos a decodificação e não a interpretação do sonho tem diminuído a incidência de mobilização de defesas intrapsíquicas e com isso abreviado o tempo da psicoterapia.

5 O aquecimento e os mecanismos de defesa na psicoterapia por sonhos

A PRINCIPAL FORMA DE trabalho na análise psicodramática é a psicoterapia bipessoal. A vantagem mais importante dessa abordagem é o atendimento imediato e focado nos problemas emergenciais do cliente ao trabalhar o material manifesto e toda a angústia nele contida. Essa forma de trabalho possibilita que o cliente se localize rapidamente quanto ao seu mundo psicológico conflitado e aos fatores geradores dos sintomas com uma forte redução das angústias envolvidas. *A psicoterapia bipessoal, utilizando a análise psicodramática, trabalha de modo rápido o foco conflitado gerador de angústia do cliente e todo o seu entorno imediato.*

Esse trabalho é possibilitado pelo alto grau de aquecimento do cliente que, partindo do seu foco conflitado, envolve os conteúdos psicológicos diretamente relacionados a ele (entorno imediato). Resolvida a crise mais emergencial, a psicoterapia sofre um grau de desaquecimento, embora o terapeuta saiba e o seu cliente sinta que faltam coisas a ser resolvidas que estão relacionadas a outro conteúdo não tão diretamente ligado ao foco conflitado, o qual chamamos de entorno distante, e Freud denominou de material latente.

O aquecimento do foco conflitado emergencial muitas vezes é desencadeado pelas situações de vida do cliente, tais como separações, crises profissionais, desentendimentos amorosos, frustrações, conflitos no campo social etc. Esse aquecimento é suficiente para a abordagem do foco conflitado e de todo o seu entorno imediato, porém, para abordar o entorno distante, a terapia necessita produzir o seu próprio aquecimento.

A abordagem do material manifesto (entorno imediato) é aquecida pela própria situação de crise vivida pelo cliente, ao passo que a abordagem do material latente (entorno distante) necessita de um aquecimento dado pelo próprio trabalho psicoterápico.

As psicoterapias de alcance intrapsíquico profundo necessitam produzir instrumentos técnicos de aquecimento pelo próprio trabalho. Como exemplo, podemos citar as técnicas interpretativas da psicanálise para focar o material latente, o psicodrama moreniano, em que a própria dinâmica grupal faz que o entorno profundo aflore com a evolução do próprio grupo, e as terapias de abordagem corporal, em que alguns exercícios possibilitam o aquecimento necessário para abordar o material profundo.

Na psicoterapia bipessoal da análise psicodramática o instrumento mais utilizado para produzir o aquecimento necessário para a abordagem do entorno distante é o método da decodificação de sonhos, tanto pela interface do terapeuta com o material das zonas de exclusão do cliente como pela pesquisa do Eu consciente em relação ao material sonhado.

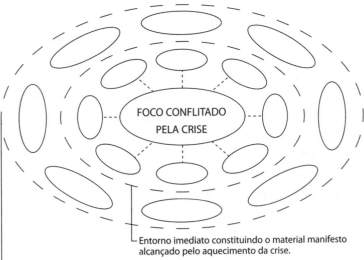

Entorno imediato constituindo o material manifesto alcançado pelo aquecimento da crise.

Entorno distante constituído de material latente não alcançado pelo aquecimento da crise.

Figura 4

Figura 5

Embora a psicoterapia realizada por meio dos sonhos esteja localizada dentro do conceito de terapias na zona de exclusão, ela apresenta vários mecanismos de defesa, uma vez que os conteúdos do entorno distante vão sendo mobilizados e caminham para se conectar com o entorno imediato.

A mobilização dos conteúdos do entorno distante (material latente) e a sua correlação posterior com o entorno imediato (material manifesto), mesmo na psicoterapia por sonhos, acionam alguns mecanismos defensivos do psiquismo, embora de intensidade bem menor que numa psicoterapia convencional.

As defesas que aparecem na terapia por sonhos podem ser divididas em:

1 Defesas ligadas ao ato de sonhar.
2 Defesas instaladas no próprio sonho.
3 Defesas acionadas pelo material mobilizado pelos sonhos.

DEFESAS LIGADAS AO ATO DE SONHAR

Essas defesas estão associadas tanto ao ato de sonhar propriamente dito quanto à capacidade de lembrar ou não do conteúdo sonhado. Podemos dividi-las em:

a O cliente não sonha

Entendemos o ato de sonhar como uma ligação entre o Eu consciente e o mundo interno do sonhador, em outras palavras, com as zonas de exclusão e com os climas cósmicos. Quando o cliente não sonha, entendemos que ele não está se ligando com o seu mundo interior. Não aceitamos, na análise psicodramática, que o cliente sonhe todas as noites. Sabemos que muitos sonhos acontecem durante a fase REM do sono, mas também que eles podem ocorrer fora dessa fase e até mesmo num cochilo depois do almoço. Aceitamos que o indivíduo sonhou quando ele relata a sensação de ter sonhado mesmo que não se recorde de nada. Caso ele não relate essa sensação, entendemos que ele não sonhou e, portanto, não conectou o seu mundo interior.

b O cliente tem medo de dormir

As insônias e o medo de dormir podem ter várias causas. Uma delas é o medo de se conectar com o seu mundo interior. Nesses casos, o cliente não consegue se entregar ao sono como uma forma de evitar que conteúdos do mundo interior possam aflorar pela via dos sonhos.

c O cliente não consegue se recordar dos sonhos

Embora o cliente relate a sensação e a certeza de ter sonhado, não consegue se recordar de nada. Entendemos que, nesses casos, existe algum tipo de resistência vinda do Eu consciente, de não tornar acessível o conteúdo sonhado mesmo que seja para o próprio sonhador. Essa resistência se torna mais evidente quando o sonhador tem uma sequência de sonhos e de repente para de se lembrar deles, apesar da certeza de ter sonhado.

SONHOS E SÍMBOLOS NA ANÁLISE PSICODRAMÁTICA

d O cliente recorda o sonho e o esquece em seguida

Nesses casos, o cliente relata ter sonhado e recordado do sonho, muitas vezes até com algum comentário do tipo: "Esse sonho não tem perigo de esquecer", ou "Este sonho é bem importante, vou levar para a terapia", mas acaba por esquecê-lo completamente. Nesses casos, entendemos que o Eu consciente deletou o sonho, apesar de ter entrado em contato com ele. É também uma situação de resistência do psiquismo.

DEFESAS INSTALADAS NO PRÓPRIO SONHO

São defesas que aparecem na constituição do próprio sonho. As mais comuns são:

a O sonhador passa para a situação de observador

É uma defesa de evitação. Entendemos que, mesmo no sonho, o cliente não pode entrar em contato com as vivências do enredo. É muito comum observarmos que em um sonho, o sonhador está na posição de observador, e no seguinte ele já está no enredo, no lugar de um dos personagens ou símbolos observados. Ou então o sonhador se encontra no enredo e no sonho seguinte ele passa para observador.

b O sonho é extremamente detalhado

São sonhos cuja quantidade de detalhes acaba por encobrir seu enredo. É a forma de a defesa obsessiva se manifestar no sonho. Nesses casos, devemos desprezar os detalhes e decodificar apenas os trechos de enredo.

c Existe um excesso de personagens no sonho

Esse excesso de personagens acaba por confundir e encobrir o enredo do sonho. É a forma de a defesa depressiva se manifestar no sonho. Devemos desprezar o excesso de perso-

VICTOR R. C. S. DIAS

nagens e decodificar apenas os trechos do enredo que se acham disponíveis.

d Defesas de petrificação e de coisificação
São defesas da linha fóbica que retiram os sentimentos envolvidos nos conteúdos. Geralmente são conteúdos humanos que aparecem como formas inanimadas como: bonecas, mortos, mortos-vivos, estátuas etc.

Exemplo: "Sonho que estou no corredor de minha casa junto com meu marido, começamos a brigar e trocar socos. De repente, ficamos endurecidos e nos transformamos em pedra. Viramos duas estátuas em posição de trocar socos. Acordo".

Comentário: ao virar estátuas de pedra, todo o conteúdo emocional foi bloqueado.

Exemplo: "Sonho que estou no mar e vejo duas grandes pedras arredondadas. Subo em uma delas e começo a arranhá-la com a mão. Começa a sair leite. Acordo".

Comentário: as duas pedras são peitos femininos sem o conteúdo emocional. Quando o sonhador entra em contato, a defesa começa a se desfazer, surgindo assim o conteúdo emocional.

Exemplo: "Sonho que vejo um bebê deitado em uma caminha, mas quando eu o pego vejo que é apenas uma boneca. Acordo angustiado".

Comentário: ao virar boneca, o conteúdo emocional foi retirado.

DEFESAS ACIONADAS PELO MATERIAL MOBILIZADO PELOS SONHOS

APESAR DE TRABALHAR OS sonhos dentro da própria zona de exclusão, muitas vezes o material aflorado desencadeia defesas do psiquismo. As mais comuns são:

a Defesas de somatização
São as mais inespecíficas e indiferenciadas e, dessa forma, acabam se tornando as defesas mais comuns de ocorrer.

Lembremos que na terapia por sonhos as mudanças ocorrem de dentro para fora do psiquismo. Muitas vezes essas mudanças são interrompidas por crises de contraturas, dores musculares e articulares, pruridos, urticárias, cefaleias etc. Muitas vezes se resolvem com um pouco de medicação tranquilizante.

b Defesas intrapsíquicas

São mais raras de ser mobilizadas pelo material do sonho, mas quando aparecem tomam a forma convencional.

c Vínculos compensatórios

Não aparecem mobilizados pelo material onírico, mas frequentemente são rompidos ou desmontados pelas vivências dos sonhos. Nesses casos aparecem as vivências ligadas à primeira zona de exclusão: desamparo, sensação de "sem saída", vivência de morte ou de desencanto com a vida, ansiedade de expectativa, sensação de estranheza e ansiedade de expectativa.

6 Signos e símbolos

COMO VIMOS, NO MÉTODO da Decodificação dos Sonhos na Análise Psicodramática, não é a interpretação do símbolo a prioridade, devendo o enfoque estar no elemento simbólico, que vai gradativamente se tornando mais claro à medida que se repete nos sonhos subsequentes.

Entendemos que o sonhador tem o registro do material excluído impresso no seu Eu, seja em forma de sensações, emoções, pensamentos, intenções ou percepções. No sonho, o símbolo substitui esses conteúdos para representá-los. Por exemplo, uma sonhadora que, na infância, recebeu uma carga erótica de uma figura masculina e registrou o fato em forma de sensação pode colocar uma imagem de estar sendo estuprada no seu sonho. Esse estupro, no sonho, representa a sensação que ela teve na época, e não um evento real.

Pelo princípio da equivalência, o fato relacionado à carga erótica recebida está bloqueado em algum nicho de memória. Para que possa trazer essa vivência para o território do Eu consciente, o psiquismo lança mão de uma imagem que não aconteceu, porém carrega uma carga emocional equivalente ao acontecimento real. Com isso, o psiquismo consegue tomar consciência da vivência ocorrida.

Se percebermos que o elemento simbólico está sofrendo mudanças, podemos inferir, de maneira bem segura, que o símbolo é um elemento em transformação na sequência dos sonhos e, portanto, qualquer interpretação como fator explicativo em si mesmo é bastante passível de erro.

VICTOR R. C. S. DIAS

Assim, a prioridade não está em dar significado ao símbolo, mas em procurar mobilizar o cliente para que ele volte a sonhar, de modo que haja uma sequência de repetições dos elementos do sonho. Também é importante observar a evolução que está ocorrendo no elemento simbólico, até que este se torne claro e compreensível.

Sabemos, ainda, que uma série de elementos simbólicos tem algum significado consensual, alguns têm significado universal, outros têm significado particular na vida daquele indivíduo e outros ainda fazem parte do próprio mecanismo dos sonhos. Dessa maneira, permitimo-nos fazer algumas interpretações, nunca como forma de dar significado ao símbolo, mas de oferecer uma hipótese de significado com a intenção de mobilizar a zona de exclusão do cliente para continuar repetindo esse elemento.

Só saberemos se nossa tentativa de dar significado ao símbolo foi bem-sucedida se, nos sonhos subsequentes, o símbolo decodificado voltar e se tornar mais claro.

Ressalto novamente que emprego a palavra "símbolo" no sentido genérico do material onírico codificado, sem designar claramente se estou tratando de um signo totêmico, indicial ou simbólico.

ABELHA – é a representação da organização comunitária, da abundância, de sentimentos produtivos e organizados. A picada da abelha é também o ardor guerreiro, a reação de defesa. Mexer no ninho das abelhas ou na caixa de marimbondos é causar encrenca, provocar o que estava calmo, despertar sentimentos agressivos.

"Sonho que estou num sítio, perto da porteira. Um homem começa a golpear uma árvore para derrubá-la. No alto, há um ninho de abelhas. À medida que ele golpeia a árvore, as abelhas voam, enfurecidas. Corro e me escondo numa casa de vidro. Acordo." (R., 26 anos)

Entendemos que a sonhadora está perto de uma passagem de fase de sua vida (porteira). Observa um homem mexer num ninho de abelhas (derruba a árvore e provoca sentimentos que estavam calmos). Ela foge da reação agressiva, do tumulto (abelhas enfurecidas) e fecha-se em si mesma (casa de vidro).

ÁGUIA – representa poder, domínio, conquista, triunfo, poder mental. O voo da águia é a aspiração elevada, a ousadia e a coragem.

"Sonho com uma águia que tira, de um monte de lixo, algo que parece um animal. Passo a observá-lo e ele vai se tornando uma pequena águia, idêntica e menor que a primeira. Acordo." (N., 47 anos)

Entendemos que N. constata uma maciça influência de poder e expectativa gerada por um elemento adulto (águia/mãe) sobre um filhote de baixa autoestima (animal que vem do lixo) até que este se transforma em sua imagem e semelhança.

AMARELO – é a cor da intuição. Representa também o poder mental, a mente lúcida, a energia vital, a criação, o entusiasmo e a alegria. Muitas vezes, essa cor está associada à perfídia e ao ciúme.

"Sonho que estou vendo um muro de um amarelo muito intenso. Pisco o olho e quando volto a olhar ele está se tornando vermelho. Constato que é sangue. Acordo." (R., 27 anos)

Entendemos que a sonhadora está em contato com sentimentos ligados ao entusiasmo e à alegria (muro amarelo-intenso). De repente, muda o enfoque (pisca o olho) e R. descobre emoções de paixão ou ira (vermelho) e, finalmente, de vida ou sofrimento (sangue).

ANDAR – é a representação de andar na vida, é uma dimensão temporal e não espacial. É também andar, explorar o próprio Eu.

"Sonho que estou andando por uma cidade. Ando pelas ruas, dobro esquinas, mas constato que a cidade está inteiramente vazia. Acordo." (P., 70 anos)

Entendemos que o sonhador está explorando uma parte vazia do seu Eu (cidade vazia), onde não encontra contato com gente, só com coisas.

ANEL/ALIANÇA – indica vínculo, compromisso, união de amor de duas pessoas, relação amo/escravo. É também o símbolo do poder: o anel do pescador, o anel de formatura, o anel com brasão e com o sinete. Pode também ser a representação do poder mágico.

"Sonho que vejo uma mulher velha, feia, enrugada. Ela está mostrando um grande anel preto a uma menina. Ela sorri com cinismo e sei que ela é vidente. Sinto medo. De repente, estou ao lado dela. Ela começa a encostar seu corpo no meu e tenho a sensação de que ela está 'penetrando' nele. Acordo." (M., 42 anos)

Entendemos que a sonhadora está em contato com influências mágicas e poderosas (anel/penetrar no corpo), ligadas a uma figura feminina ameaçadora (bruxa/vidente).

ANIL/LILÁS – é a cor do êxtase, do espírito místico.

"Sonho que estou fazendo um exame de olhos. O médico encosta uma máquina no olho e de lá sai uma luz lilás. Por intermédio dessa luz, vejo a mim mesma, meu filho e vários vultos de homens. Acordo." (V., 39 anos)

Entendemos que a sonhadora, sob influência mágica (luz lilás), consegue ver seu próprio mundo interno.

ANIMAIS – na maioria das vezes, os animais que aparecem nos sonhos estão representando sentimentos ou impulsos do sonhador ou de seus personagens.

- Impulsos agressivos/sexuais/antissociais – são representados por tigres, touros, lobos, cães ferozes (mastins, pastores, *dobermanns*), gorilas etc.
- Sentimentos ternos e carinhosos – podem estar representados por gatos, coelhos, cães mansos, borboletas, porquinhos-da--índia, camundongos brancos, pombos, vacas etc.
- Sentimentos viscerais e pouco nobres – muitas vezes estão representados pelos animais do esgoto, do subterrâneo, como baratas, ratos, lesmas, caranguejos, escorpiões, cobras etc.
- Sentimentos nobres – representados por cavalos, leões, elefantes etc.
- Animais em transformação, animais que não existem (montados) ou que adotam *funções e atitudes humanas* são representações de personagens encobertos que estão emergindo para

SONHOS E SÍMBOLOS NA ANÁLISE PSICODRAMÁTICA

o consciente e nos sonhos seguintes vão se transformar em pessoas ou em partes do próprio Eu do sonhador.

"Sonhei que estava sentado em uma pedra. De repente, surgiram dois cachorros: um ao meu lado e outro, atrás de mim. Fico muito tenso e com medo. Ambos são pretos. Um deles, mais alto, parece um dobermann e o outro, mais baixo, parece um rottweiler, embora com um aspecto mais primitivo. De repente, o menor, que me causa mais medo, começa a conversar comigo. Acordo." (N., 47 anos)

Entendemos que N. está entrando em contato com seus impulsos (dobermann) e com uma parte possivelmente dissociada e mais primitiva (cachorro humanizado). Em vivências posteriores, N. relata imagens de um gorila humanizado e finalmente de um homem primitivo, todos eles ligados a seus impulsos sexuais e à energia masculina.

"Sonho que estou em um prédio de três andares. Existem ambientes ligados à faculdade e aos colégios onde estudei. Estou no primeiro andar tomando café e conversando com um antigo colega de faculdade. Desço ao porão e encontro um filhote de cachorro pequinês, sei que ele é agressivo e pode me morder. Seguro e comprimo o focinho dele. Pego-o no colo, pois tenho de cuidar dele. Continuo a andar pelo prédio. Vou até o último andar, onde tem uma biblioteca muito bonita. Vejo muitas pessoas de diversas fases da minha vida; às vezes, parece que estou em minha casa. De repente, noto que o focinho do cachorro está ficando comprido e ele vai se transformando num cachorro maior, parece um *poodle*, mas é muito feio. Seu pelo é preto e ele está muito magro, faminto e maltratado. Penso em dar-lhe comida, mas reparo que sua barriga está muito dura. Percebo que ele está com obstipação intestinal, faço massagem em sua barriga e o levo para um gramado para ele fazer cocô. Nesse momento, noto que seu pelo está ficando branco e seu rabo já tem um pompom. Acordo." (O., 49 anos)

Entendemos que esse é um sonho de integração. O. integra num mesmo espaço (prédio de três andares) uma parte de sua vida, de sua formação profissional, e entra em contato com um

103

VICTOR R. C. S. DIAS

lado seu (cachorros em transformação) agressivo, carente e obstipado (a sonhadora sofre de gases e obstipação intestinal). O processo de reparação se dá à medida que a sonhadora vai cuidando desse lado carente (cuida dos cachorros) e lhe dedicando atenção.

ANJO – é a representação da proteção divina, da bondade e da ternura. É o lado bom de cada um.

"Sonho que olho uma luz diferente no céu nublado. Ela se transforma num anjo. Só o rosto com duas asas. De repente, algo redondo, um avião, pousa perto de mim. Há um bebê, que logo se transforma numa menina muito dócil, que começa a cantar músicas da minha infância. Acordo." (H., 50 anos)

Entendemos que a sonhadora está recuperando vivências de proteção, ternura e bondade (anjo) da sua infância (bebê e menina).

ÂNUS – simboliza a intimidade do indivíduo. É também a representação do limite entre o dentro (mundo interno) e o fora (mundo externo). A relação sexual anal tanto pode representar grande intimidade e confiança como dominação e humilhação. Ser humilhado e submetido na própria intimidade.

"Sonho que estou no urologista e ele vai fazer um toque anal. Quando ele penetra com o dedo, noto que é o polegar; fico apreensivo. Me acalmo e relaxo quando sinto que ele está tateando com o dedo para identificar uma ferida na minha próstata. De repente, sinto que o dedo que está tateando é o meu próprio. Continuo a procurar e a tatear com o meu dedo para descobrir a ferida da próstata." (O., 50 anos)

Entendemos que O. está entrando na própria intimidade (ânus), à procura de algum tipo de trauma ligado ao processo de ejaculação (ferida na próstata). O sonhador não tem nenhum problema orgânico de próstata.

"Sonho que estou deitada de lado e sinto que uma faca está cortando o meu pescoço, a partir da nuca. É um corte profundo, mas não chega à parte da frente. No instante seguinte, surge uma enfermeira que introduz uma espécie de tubo pelo meu ânus e aspira todo o conteúdo dos meus intestinos. Tenho uma sensação de esvaziamento e acordo." (Y., 43 anos)

Entendemos que Y. entra em contato com sensações de invasão e de espoliação na sua intimidade e no seu mundo interno (introdução pelo ânus e aspiração dos conteúdos intestinais), ao mesmo tempo que está dissociada e não pode se conscientizar dessa situação (separação corpo/mente pelo corte profundo na nuca).

ANVERSO – é a representação do lado encoberto do Eu do sonhador ou dos personagens. É o lado negado, o lado negro, a sombra.

"Sonho que estou com meu amigo (do presente) andando por uma rua e vejo um garoto negro, com idade entre 12-13 anos, vindo em nossa direção. Tem o cabelo alisado e aparenta ser do mal. Digo a meu amigo que o garoto vai nos assaltar e abro um portão pequeno (tipo portão de casa de interior) para nos desviarmos. Acordo." (V., 40 anos)

Entendemos que o sonhador (branco) está andando no tempo (andando na rua), e aproxima-se de sua fase de 12-13 anos, identifica o seu anverso, sua parte escondida (garoto negro), e evita o contato (entra pelo portão). O amigo de hoje é apenas uma companhia, já que não tem qualquer participação. O fato de o sonhador notar que o cabelo (pensamento) é alisado nos faz pensar que o lado anverso são pensamentos.

ARANHA – é o símbolo da fêmea fatal, da sexualidade possessiva e exclusiva, da mulher sexualizada. A teia da aranha é a armadilha; ficar enredado, aprisionado.

"Sonho que estou com minha professora de psicologia (que admiro muito) andando numa ponte. No meio da ponte há uma enorme teia de aranha que impede a passagem. Minha professora passa tranquilamente por uma fenda da teia, mas eu fico olhando para a aranha enorme e ela para mim. Volto para trás e vou comer algo numa barraca, no início da ponte. Sou atendida por um homem. Acordo." (O., 34 anos)

Entendemos que O. está revendo sua fase de identidade feminina (atravessando a ponte) com uma figura feminina idealizada (professora). Esta passa pela fase de forma tranquila, mas a sonhadora fica retida na identificação com a parte feminina sexualizada (aranha) e volta para uma fase de ser cuidada (comer). O homem (pai) exerce o papel de cuidador e proteção que seria a mãe.

ÁRVORE – é a representação de força e energia vitais, extensão do próprio Eu. Pode representar figuras do mundo interno do sonhador, bem como solidez, enraizamento, proteção, sombra, nutrição e realização.

"Sonho que convido minha irmã para ver umas árvores que plantei. Chegando lá, vejo uma bela árvore que se parece com uma paineira, que plantei realmente. É uma árvore com folhas e frutos de cor laranja, um misto de manga com ameixa. O gosto é muito bom. Minha mãe aparece e convido ambas para saboreá-los. Acordo." (U., 40 anos)

Entendemos que U. está entrando em contato com forças e energias vitais do seu Eu (árvore), de conteúdo sexual (cor laranja). Convida seus modelos femininos (mãe e irmã) para compartilhar.

ATRAVESSAR – uma ponte, uma rua, uma praça, uma estrada, uma porta, um rio etc. têm o significado de passar por uma fase da vida mal resolvida ou resolvida de forma incompleta pelo sonhador. As passagens mais comuns nos sonhos são: da infância para a adolescência, da adolescência para a fase adulta, fase de identidade homossexual (9 a 13 anos) para a heterossexual (16 a 18 anos), da identidade homossexual para a de transição (13 a 16 anos), desligamentos de mãe/adulto para maior autonomia, mudanças de escola, de cidade, fantasia para a realidade etc.

"Sonho que estou andando por uma estrada e vejo um riacho com uma ponte. Do outro lado há um jardim e uma casa ao longe. Tudo é muito bonito. Sinto bastante vontade de ir até lá, mas ao chegar na ponte tenho muito medo de passar. Fico sentada no início da ponte à espera de alguém para poder atravessar." (R., 29 anos)

Entendemos que a sonhadora chega a uma passagem da vida que ela não consegue atravessar. Fica esperando alguém para fazer isso junto (dependência). Podemos por aí inferir que o jardim

SONHOS E SÍMBOLOS NA ANÁLISE PSICODRAMÁTICA

e a casa bonitos seriam ligados a algum tipo de autonomia e de independência em relação ao prazer (bonito). Entendemos essa ponte como uma passagem de um estado de dependência do outro para um estado de maior autossuficiência.

AVIÃO – é a representação do voar psicológico, da expansão da consciência, de libertar o pensamento. É também a sensação de liberdade, leveza e poder. Muitas vezes está relacionado à fantasia, tirar os pés do chão, sair ou entrar em contato com a realidade (Terra). Alçar voo é ambicionar, ousar, potência, algumas vezes ligado também a potência sexual, orgasmo.

"Sonho que estou em um avião pequeno em via de decolar quando aparecem grandes fios de alta-tensão. O avião bate nos fios e as duas asas são cortadas, obrigando-nos a voltar a aterrissar. Acordo." (U., 40 anos)

Entendemos que o sonhador está entrando em contato com uma sensação de castração (cortar as asas), tanto de sua potência sexual como de sua liberdade, ou de ambas.

AZUL – é a cor do pensamento. Azul-claro representa a organização mental, a clareza do pensamento, a sabedoria, a reflexão, a sensibilidade. Já o azul-marinho está mais ligado à reflexão, ao segredo, ao inconsciente e à imaginação.

"Sonho que mandei revalidar minha carteira profissional e estou indo buscá-la. É um prédio lindo, de vidro azul. Entro e vejo a carteira num balcão. Ela é linda, toda azul e bem grande (na realidade ela é pequena e não é azul). Acordo." (H., 40 anos)

Entendemos que o sonhador está finalizando um processo de amadurecimento, reflexão e clareamento dos seus pensamentos (azul no ambiente e na carteira).

BAGAGEM – é a representação de carregar conteúdos internos, conteúdos internos excluídos e guardados, peso morto. Resgatar a bagagem ou a mala é resgatar lembranças, sentimentos, conteúdos excluídos do próprio Eu. Abrir o baú é rever conteúdos antigos.

"Sonho que encontro o porta-malas do meu carro aberto. Vejo que minhas malas e sacolas foram abertas e remexidas. Percebo um homem, bem-vestido, e sei que foi ele o culpado. Começo a xingá-lo e acusá-lo. Acordo." (Q., 54 anos)

Entendemos que o sonhador entra em contato com uma figura masculina (homem bem-vestido), que invadiu seus conteúdos guardados (bagagem).

BANHEIRO – expressa a intimidade física e/ou sexual do sonhador. Estar no banheiro é estar em contato com a própria intimidade.

"Sonho que entro num banheiro (desconhecido) cuja porta não fecha direito; sei que não estou indo fazer necessidades fisiológicas. Noto uma porção de camisolas. São lindas, de seda, bordadas e muito femininas. Começo a examiná-las e penso de qual das minhas irmãs elas podem ser. Minha mãe entra no banheiro e diz que essas camisolas são dela, que ela ia fazer saiotes, mas resolveu dá-las às pessoas e que cada uma já tinha dono. Penso que eu não recebi a minha, mas não falo nada para a minha mãe. Acordo." (O., 32 anos)

Entendemos que O. entra em contato com sua intimidade (banheiro) que não está protegida (a porta não fecha direito). Lá ela encontra representações de identidades e de modelos femininos (camisolas femininas) que foram de sua mãe. Percebe que esses modelos foram passados para outras pessoas, inclusive suas irmãs, mas não para ela.

BANHO – é a representação de limpar-se de algo, de purificação. Significa também cuidar-se ou ser cuidado, receber carinho. Às vezes é a intimidade com o próprio corpo, sensualidade.

"Sonho que estou tomando banho com uma mulher, que só vejo da cintura para cima. Ela tem seios grandes e bonitos. Passo sabonete em seu corpo, com muito carinho. Penso: 'Se ela quiser transar, vou lhe dizer que sou impotente'. Acordo." (W., 58 anos)

Entendemos que o sonhador, que tem dinâmica homossexual, está entrando em contato com a intimidade feminina (banho com uma mulher). Aprecia a feminilidade (seios) e torna-se terno e carinhoso (passa sabonete com carinho). Tem medo da sexualidade dela (nega o corpo da cintura para baixo) e defende-se disso (vai dizer que é impotente).

BANQUETE – é a representação da fartura, do receber total, da satisfação, da voracidade, do fartar-se.

"Sonho que ganho cem milhões, encho todos os bolsos e uma grande sacola com notas de dinheiro. Vou para um hotel, acompanhado de outras pessoas. Estou muito alegre e mando servir um enorme banquete. Tem comida, bebida e mulheres lindas. É muito gostoso. Acordo." (O., 50 anos)

Entendemos que O. está realizando um desejo de voracidade e fartura de dinheiro, comida, bebida e mulheres.

BARATA – é um elemento da sujeira, do esgoto, do porão, do submundo. Representa sentimentos proibidos e menos nobres. Muitas vezes tem a conotação de "sexo sujo", ou de pensamentos sujos.

"Sonhei que estava no meu apartamento (mora com a família). Vou até a cozinha e vejo, logo acima do fogão, uma enorme barata. Acordo muito angustiado." (Q., 20 anos)

Entendemos que Q. entra num território feminino materno (cozinha/fogão) e constata sentimentos proibidos e sujos (barata), possivelmente ligados à mãe ou à figura que a representa.

"Sonho que estou olhando para um teto onde aparecem muitas baratas penduradas. No instante seguinte, elas estão todas nos meus cabelos. Começo a amassá-las e matá-las, apertando e amassando meus cabelos com as mãos. Escuto o barulho delas explodindo. Acordo." (H., 44 anos)

Entendemos que H., que normalmente tem muito medo de baratas mas no sonho não apresenta esse medo, está entrando em contato com pensamentos (cabelos) sujos e menos nobres (baratas) e ao mesmo tempo reprimindo-os e contendo-os (matando e explodindo as baratas).

"Sonho que mato uma barata e a coloco em um estojo de canetas. Mostro às pessoas que ela está lá, morta. Vou ficando envergonhada de tê-la no estojo e resolvo jogá-la fora. Quando abro o estojo, ela está viva e sai voando. Acordo." (W., 24 anos)

Entendemos que W. reprimiu e amorteceu sentimentos menos nobres, ligados a sujeira e esgoto (barata), e manteve-os amortecidos intelectualmente (estojo de canetas) por um tempo. Quando resolve abandoná-los, identifica que estão bem vivos (barata viva).

BARCO – é o que conduz o sonhador na água. Tem o significado de conduzi-lo nas suas emoções (água). É o corpo emocional do sonhador. Estar num navio é navegar nas emoções.

"Sonho que estou em um barco, no mar, e comigo está uma mulher que não conheço. Sei que devo dirigir o barco, mas ele está meio desgovernado. Às vezes se aproxima de uns rochedos e acho que vai se chocar, e outras ele se afasta para dentro do mar. Acordo." (J., 36 anos)

Entendemos que o sonhador está navegando em suas próprias emoções, mas de forma ainda descontrolada. Às vezes, J. sente que elas podem levá-lo à destruição (rochedos) e outras vezes para uma liberdade de sentir (mar aberto).

BARRIGA/ABDOME – é a representação ligada aos sentimentos viscerais, sentimentos intestinais. Num entendimento moral seriam os sentimentos menos nobres, como os dos sete pecados capitais: a inveja, a mesquinhez, a vingança, a maldade, a crueldade, a cobiça, a ira, a luxúria etc.

"Sonho que estava dentro da minha barriga, apoiada na pelve, e vejo uma série de estalactites. À medida que vão pingando, elas se petrificam. Fico surpresa e não sei bem o que é aquilo. Começo a sentir dificuldade de transitar por ali. De repente, penso: 'É o meu rigor que causa aquilo'. Cada vez que sou muito rigorosa comigo mesma, aparece mais uma gota e a estalactite aumenta de tamanho. Começo a pensar em como me livrar daquilo. Penso em lixar as estalactites, mas não sei como me livrar do pó dos resíduos. Finalmente, penso em banhá-las com água morna e tenho a sensação de que elas vão derreter. Acordo." (N., 40 anos)

A sonhadora está em contato com a região de seus sentimentos viscerais (barriga) e impulsos (pelve) e identifica que estão petrificados, dificultando seu contato com eles (difícil de transitar). Ela tem um *insight* de que a causa está no rigor com que ela age consigo e de que a forma de melhorar isso é tornar-se mais acolhedora consigo (água morna).

BARRO – é o elemento dos sentimentos viscerais, sentimentos menos nobres; estar atolado em sentimentos pouco nobres. Sujar de barro é entrar em contato com esses sentimentos.

"Sonho que estou numa casa que não conheço e começo a descer por uma escada espiral. À medida que vou descendo, as cores vão sumindo. No fim da descida, é só barro, e mais ao longe vejo um rio de águas lamacentas. Começo a andar no barro e acordo." (N., 38 anos)

Entendemos que N. está dentro de seu próprio Eu (casa) e aprofundando-se em si mesma (descendo a escada). Vai perdendo o contato com os sentimentos mais nobres (cores vão sumindo) e entrando em contato com os mais viscerais (barro e rio lamacento).

BÊBADO – é a representação do descontrole, dos impulsos e sentimentos descontrolados. Algumas vezes é também a representação da decadência, da depravação. Estar embriagado é estar fora do controle da consciência, estar sem censura.

"Sonho que estou viajando de carro com minha mãe e paramos num hotel para dormir. Estamos no quarto e tem um bêbado do lado de fora da janela, que começa a cantar e fazer barulho. Comento que o cara está mais bêbado do que eu. Fico com medo de ele ser perigoso e vir em direção ao quarto. Acordo." (Q., 21 anos)

Entendemos que o sonhador está numa relação de intimidade com a sua mãe (dormir no mesmo quarto) e tem medo de perder o controle de seus sentimentos e impulsos (bêbado entrar no quarto). Ele se identifica com o bêbado (ele está mais bêbado do que eu).

BEGE – é a cor do desprendimento, do não envolvimento e da neutralidade.

BEIJO – é a representação de estabelecer contato afetivo íntimo, união fraternal. É também a representação de render homenagem e respeito (beijar a mão), além de representar submissão e fidelidade (beijar os pés).

"Sonho que estou beijando um colega da época de colégio, por volta de meus 15-16 anos. Acordo." (O., 70 anos)

Entendemos que O. está entrando em contato afetivo (beijando) com um lado seu adolescente que ficou parado nessa época.

BIBLIOTECA – é o símbolo do intelecto, reserva e depósito do saber, depósito de lembranças.

"Sonho que entro em uma biblioteca que parece um sebo, cheia de livros, e começo a mexer. A parte do fundo é muito escura e na da frente encontro algumas entradas de teatro no meio dos livros. Acordo." (N., 50 anos)

Entendemos que a sonhadora está remexendo em lembranças antigas da sua vida (biblioteca/sebo). Uma parte está pouco disponível (escura) e na outra N. encontra permissão para entrar em contato (entradas de teatro).

BOCA – é a representação da porta de entrada, limite oral entre o mundo externo e o interno. Serve para abocanhar, receber, mamar. Além de expressar, falar, comunicar. Pôr a boca no mundo é denunciar algo. Fechar a boca é resignar, obedecer.

"Sonho que estou numa festa maravilhosa. É tudo muito luxuoso, de bom gosto. De repente, percebo que estou mastigando uma planta venenosa (comigo-ninguém-pode). Sei que, se eu a engolir, vou perder a festa. Cuspo-a e pego um copo de água para fazer um bochecho e terminar de limpar a boca. Acordo." (R., 48 anos)

Entendemos que a sonhadora está em contato com a parte bela e prazerosa do social da vida (festa maravilhosa). Entra em contato com o sentimento de inveja (planta venenosa), pronto a ser engolido ou cuspido (boca). Se engolir, incorpora a inveja (perde o belo/festa); se cuspir, pode se livrar dela. Nesse sonho, ela repara o sentimento de inveja.

BOLSA FEMININA – é a representação da extensão do Eu e da intimidade da mulher. É onde se guardam a identidade, o dinheiro, os documentos, os objetos íntimos, os segredos, os valores. Perder a bolsa é perder uma parte íntima e significativa do Eu.

"Sonhei que estava em um *shopping* com meu marido. Tinha muito movimento e, ao sair, percebi que tinha perdido minha bolsa. Volto para pegá-la e encontro tudo fechado e deserto. Entro, e lá dentro só há pessoas negras que estão participando de um ritual religioso, mágico ou esotérico. Tem música e sei que minha bolsa está lá na frente. Tenho de atravessar esse espaço fazendo determinados movimentos com o corpo. Acordo." (N., 42 anos)

Entendemos que N. constata que perdeu uma parte de si mesma em outra época (sair do *shopping* e retornar é uma mudança de tempo). Para recuperá-la, tem de entrar em contato com um ambiente misterioso (rituais mágicos e corporais) e encoberto (pessoas negras = sombra).[2]

BORBOLETA/MARIPOSA – é a representação da delicadeza, da sensibilidade, da ligeireza e da inconstância. Quando relacionada à fase larval, pode representar a metamorfose e a transformação psíquica.

A mariposa representa um aspecto mais agressivo e até repulsivo, ligado à sexualidade promíscua e inconstante.

"Sonho que estou no quintal da casa da minha mãe. Meu tio arranca as asas de uma borboleta e joga o corpo dela no chão. Diz que eu devo matá-la para evitar o sofrimento. Fico enojada e revoltada. Digo que se ele quiser que ele mesmo a mate. Fico olhando as asas na mão dele. Acordo." (W., 36 anos)

---

2. Pessoas negras ou orientais num sonho de pessoa branca ocidental representam o lado encoberto delas, a não ser que sejam conhecidas. O inverso é verdadeiro. Num sonho de pessoa negra, uma pessoa branca ou oriental não conhecida pode representar o lado encoberto. Vale o mesmo para o sonho de um oriental.

Entendemos que a sonhadora está na posição de observadora e vê seu tio destruindo algo de sensibilidade (borboleta) e de autonomia (arranca as asas). Ele insiste que W. se envolva nessa destruição (que mate o corpo da borboleta), mas ela não concorda, reage (responde), porém fica focada na destruição da autonomia (asas).

BRAÇOS/MÃOS – é a representação de iniciativa, ação, atividade, expressão do poder e do fazer. Ligados às ações de ataque e defesa. Amputar o braço ou as mãos é cortar as iniciativas.

"Sonho que minhas mãos e meus braços estão cobertos de parasitas. Eles possuem ventosas e estão fortemente grudados. Começo a tirá-los, mas fico desanimado: acho que nunca vou conseguir. Acordo." (U., 24 anos)

Entendemos que o sonhador está em contato com elementos que dificultam e espoliam seu poder de iniciativa e de ação (parasitas nos braços e nas mãos). U. tenta lutar contra isso, mas ainda não consegue (desanima).

BRANCO – é a cor da pureza, da inocência, da paz e da perfeição. Tem também a conotação de ausência de sentimentos quando o sonho é todo branco. Pode representar frieza e desespero.

"Sonho que estou com meu pai, num apartamento, no topo de um prédio. É um apartamento todo branco, as paredes, os móveis, e com janelas de vidro. De repente, o prédio começa a balançar e meu pai também. Finalmente ele cai. Ouço seu grito. Acordo." (U., 24 anos)

Entendemos que a sonhadora está na relação (apartamento). Identifica ausência de sentimentos (branco) e frieza (vidro). Seus conceitos em relação a seu pai se abalam (prédio e pai balançam) e finalmente ele cai do seu pedestal (cai do prédio), com sofrimento (grito).

BURACO – é a representação da *ab*ertura para o desconhecido, da passagem para o outro lado ou para o fundo. Cair no buraco é ir para o fundo de si mesmo; olhar pelo buraco ou por uma fresta, olhar para outro lado desconhecido.

"Sonhei que andava por um bairro pobre. Depois de uma série de casas, havia um muro muito alto. Entre a última casa e o muro tinha uma fresta que dava para ver, lá embaixo, a cidade iluminada. Era muito bonita. Continuei andando paralelamente ao muro e procurando um buraco para ver de novo. Encontrei um buraco quadradinho e vi, surpresa, o fundo de duas escolas, uma particular e outra pública, com crianças brincando sem nenhuma discriminação entre elas." (R., 44 anos)

Entendemos que a sonhadora está andando na sua vida, fechada, sem encantos (bairro pobre murado), quando tem um vislumbre (ver pela fresta e pelo buraco) de uma vida melhor (cidade iluminada) e sem discriminação (crianças pobres e ricas juntas). As escolas são marcadores de época da sonhadora (material da infância).

CABEÇA – representa o pensamento, o intelecto. É também o controle mental, o governo e a ordem. Estar de cabeça para baixo, sem cabeça, é o descontrole, ser comandado pelos instintos ou pelos sentimentos. Pôr os pés no lugar da cabeça significa pôr os sentimentos no lugar da razão. Recuperar a cabeça é recuperar a razão e o controle, é resolver a cisão mente/corpo (pensar/sentir).

"Sonho que estou costurando a minha cabeça no meu corpo. Parece que tenho uns 9 ou 10 anos. Acordo." (E., 42 anos)

Entendemos que a sonhadora está ligando seus pensamentos aos seus sentimentos (costurando a cabeça no corpo), em relação aos seus 10 anos.

CABELO – é o que sai da cabeça. A referência é a dos pensamentos. Podemos entender como o conjunto de crenças e de pensamentos do indivíduo. Pentear os cabelos é arrumar os pensamentos. Cortar os cabelos é podar os pensamentos. Amarrar os cabelos é conter ou reprimir os pensamentos.

"Sonho que estou em um salão de beleza que eu frequentava quando morava no interior (15-16 anos) e a cabeleireira amarra meus cabelos para trás com muita força. Eles ficam muito apertados e me sinto incomodada. Acordo." (S., 32 anos)

Entendemos, aqui, um sonho da adolescência, que a sonhadora foi reprimida e contida em sua forma de pensar e fantasiar (amarrar os cabelos) por uma figura superegoica (cabeleireira = quem faz a cabeça dos outros).

"Sonho que estou olhando meus cabelos e de repente noto uma faixa que está sem cabelo, disfarçada pela tiara. Acordo." (I., 39 anos)

Entendemos que a sonhadora constata uma região em que ela não tem lembranças, pensamentos ou posicionamentos, mas estava disfarçada. Os pensamentos foram cortados ou não cresceram ali.

"Sonho que estou num salão e a cabeleireira corta metade dos meus cabelos muito curto. Quando vejo, fico furiosa e mando-a parar. Fico sem saber o que fazer, pois estou com metade dos cabelos curtos e metade compridos. Acordo." (E., 38 anos)

Entendemos que E. toma consciência de que, em alguma época, sofreu uma influência repressora em sua forma de pensar (metade dos cabelos foi cortada curta).

"Sonho que estou penteando meus cabelos em frente ao espelho, quando noto faixas de cabelos brancos, que não são meus. Acordo." (Y., 37 anos)

Entendemos que, ao arrumar sua cabeça, seus pensamentos (pentear os cabelos), Y. descobre que existem influências e pensamentos que não são seus (cabelos de outra pessoa, possivelmente mais velha).

O cabelo pode aparecer também como marcador de época.

"Sonhei que estava em um lugar com várias pessoas que não conhecia direito. Uma delas era uma menina de 6 anos com cabelos castanhos cortados em franja que me chamou a atenção e..." (O., 48 anos)

Após pesquisar o sonho, O. lembra que a menina é ela mesma, de uma foto quando tinha 6 anos e usava aquele corte de cabelo.

CACHOEIRA – representa a emoção viva em ação, o que refresca e purifica. É, muitas vezes, a representação da mulher, do feminino que revigora. A gruta, atrás da cachoeira, representa o mistério e a descoberta.

"Sonho que estou me banhando num rio, logo abaixo de uma linda cachoeira. De repente noto que, junto com a água da cachoeira, surgem, boiando, tigelas com comidas deliciosas. Acordo." (R., 46 anos) Entendemos que a sonhadora está entrando em contato com um elemento feminino purificador (banho na cachoeira), mas que também oferece cuidados maternos (comidas).

CACHORRO – é um dos símbolos mais frequentes nos sonhos. É a representação dos sentimentos de lealdade, fidelidade, companheirismo, proteção, solidariedade ou dos impulsos agressivos da parte instintiva do sonhador. É também o cão vadio, o cão sem dono, vil, infiel, órfão e ameaçador. Representa, ainda, outro lado do sonhador e, nesses casos, é uma extensão do Eu.

"Sonho que estava andando em uma calçada e vejo uma mulher que se aproxima com vários cachorros bravos. Subo em um portão de ferro e um homem, que deve me proteger, sobe junto comigo. Quando estou no portão, noto que tenho um cachorro no meu colo e devo protegê-lo. Descubro que o homem que deve me proteger tem vários cachorros bóxers muito bravos dentro da sua casa. Os cachorros dele avançam e atacam o meu cachorro. Eu consigo protegê-lo, mas eles o mordem e dilaceram suas orelhas. Acordo." (B., 36 anos) Entendemos que todos os personagens do sonho (sonhador, mulher e homem que deve proteger) estão acompanhados de seus respectivos sentimentos e impulsos (cachorros). A sonhadora teme os sentimentos e impulsos femininos e vai procurar auxílio na figura masculina. Surpreende-se quando descobre sentimentos e impulsos fortes e hostis (bóxers muito bravos) e fica traumatizada (orelha dilacerada).

CADEIRA DE RODAS – é a representação da impotência de autonomia, impotência sexual.

"Sonho que estou numa espécie de pronto-socorro e, então, surge um homem sentado numa cadeira de rodas, acompanhado de uma mulher e duas crianças. Sinto uma enorme aversão por ele. Ele quer um remédio e, quando vou dar, noto que suas pernas são atrofiadas, como de criança. No lugar do pênis, sai um rabo, no qual ele senta em cima. Ele fica excitado, me olha com uma expressão depravada e o rabo-pênis começa a se mexer. Sinto uma repulsa enorme por ele. Dou o remédio e ele vai embora. Acordo." (X., 34 anos)

Entendemos que a sonhadora entra em contato com uma figura masculina impotente (cadeira de rodas) de quem ela precisa cuidar (dar remédio). Ele tem uma sexualidade pervertida e animal (expressão depravada/pênis/rabo) que a enoja.

CAIR – significa cair na vida, queda social, desonra, insucesso. Muitas vezes é uma queda no tempo, ir para uma época passada ou ir para o fundo de si mesmo.

"Sonho que estou na varanda do meu apartamento. Meu filho de 6 anos está brincando no parapeito. De repente, ele cai. Vejo-o lá no chão, mas ele está vivo. Acordo assustado." (H., 38 anos)

Entendemos que o sonhador está em contato com um lado seu da infância (filho de 6 anos) e de repente é transportado para esse passado (filho cai lá embaixo).

CAIXÃO DE DEFUNTO – é a representação dos conteúdos trancados e amortecidos do sonhador. Esses conteúdos podem ser lembranças, vivências, sentimentos, pensamentos, pessoas etc.

"Sonho que abro o meu guarda-roupa e vejo um monte de entulho. De repente, começa a sair, lá do fundo, uma série de caixões de defunto. São de vários tamanhos e vão ficando espalhados pelo chão. Acordo." (O., 20 anos)

Entendemos que a sonhadora está abrindo um compartimento dentro do seu Eu (guarda-roupa), entrando em contato com uma série de vivências trancadas e amortecidas (caixões de defunto).

CALCINHA – é a representação da identidade íntima e erótica da mulher. Representa a contenção da sexualidade. Tirar a calcinha é liberar a sexualidade.

"Sonho que vejo a empregada lá de casa, mas ela está com o corpo mais jovem e bonito. Pelo vestido mal abotoado, vejo uma parte da sua calcinha. Noto que é uma calcinha muito sofisticada e cheia de rendas. Penso que ela quer transar e começo a abordá-la. Acordo." (X., 54 anos) Entendemos que X. está entrando em contato com alguma mulher representada pela empregada (corpo diferente dela) e percebe sua intenção erótica pela calcinha.

"Sonho que estou no banco de trás de um carro. Há dois homens na frente, mas não os identifico. Tiro minha calcinha para me exibir para eles. Acordo." (S., 30 anos) Entendemos que a sonhadora está provocando e seduzindo os homens, liberando sua sexualidade (tirando a calcinha).

CANIBALISMO – é a representação de tomar do outro, espoliar o outro, incorporar características do outro, satisfazer-se à custa do outro. É uma simbologia ligada ao sentimento de cobiça. Comer a si mesmo representa a carência extrema, autoconsumir-se.

"Sonho que estou na escola que frequentei quando tinha mais ou menos 13 anos e vejo uma mulher comendo as vísceras de outra, que estava deitada. Acordo." (G., 35 anos) Entendemos que a sonhadora está na posição de observadora (não envolvida emocionalmente com o enredo) e vê uma mulher espoliando outra (canibalismo). A espoliação é no sentido de retirar da outra os conteúdos cenestésicos (vísceras) e a consequência é tornar-se amortecida, morta-viva, pois o mental (cérebro) é poupado.

"Sonho que estou num laboratório escuro fazendo experimentos com camundongos. Noto que eles estão mutilados, em carne viva, sem a pele. Percebo que estavam tão famintos que comeram a si próprios. Guardo-os no congelador. Acordo." (H., 45 anos) Entendemos que a sonhadora está em contato com seu núcleo de carência (camundongos comeram a si próprios) e congela essas vivências dentro de seu Eu (coloca os camundongos no congelador).

CANTAR – é a representação de expressão dos sentimentos, principalmente de alegria e felicidade.

"Sonho que estou no meio de muitas pessoas e digo que queria muito cantar. Começo a cantar e minha voz vai ficando cada vez mais alta, com muita emoção. Percebo, então, que estou no alto de uma montanha, cantando de forma potente, emocionada, para um grande público que me ouvia. Acordo." (M., 38 anos)

Entendemos que o sonhador está expressando e comunicando sentimentos de dentro de seu Eu (ele tem muito medo e vergonha de falar ou expressar-se em público).

CAPACETE – é a representação de esconder o rosto, ficar invisível, invulnerabilidade, dissimulação. É a proteção por tornar-se invisível, escondido.

CARRO – tem vários significados no sonho. Com frequência, é a extensão do próprio Eu do sonhador.

"Sonho que vejo o meu carro atual sendo tragado por uma fenda na terra. Tento alcançá-lo, mas não consigo, e ele desaparece. Acordo." (O., 40 anos)

No sonho seguinte, O. conta:

"Sonho que estou entrando em uma casa muito grande e escura. Vou andando pelos cômodos e vejo que somente um é iluminado. Lá dentro encontro minha madrinha com duas meninas. Ela está bem jovem no sonho e uma das meninas sou eu mesma, quando era criança (mais ou menos 5 anos de idade)".

Entendemos que um lado de O. aprofunda-se dentro do seu Eu (carro afundando na terra), e no segundo sonho ela entra em contato com esse seu lado, parado, aos 5 anos (menina de 5 anos).

"Sonho que paro o meu carro em um estacionamento. Quando retorno, não o encontro mais. Acordo."

Entendemos que o sonhador está revivendo uma perda de contato com um lado seu (carro desaparecido) em determinada época de sua vida (estacionamento).

"Sonho que estou andando por uma estrada com meu carro atual. Entro por um desvio e, de repente, meu carro fica parado, suspenso por uma estrutura de ferro (elevador de posto de gasolina). Fico muito angustiada e não sei o que fazer. Aparece um homem, acho que é um segurança, que aperta um botão e faz meu carro voltar para o chão. Acordo." (N., 47 anos)

Entendemos que em alguma época da vida de N. (desvio na estrada) ela perdeu o contato com a sua realidade (perdeu o chão/carro no elevador) e ficou impotente e sem controle de si mesma (não consegue apertar o botão do elevador). Uma figura masculina ou o seu lado masculino reverteu a situação.

Muitas vezes, o carro representa uma *couraça protetora do Eu* do sonhador.

"Sonhei que estava andando com meu carro em uma estrada de terra quando, de repente, surge um homem (que não conheço). Ele salta em cima do capô do carro e tenta entrar pelo vidro e depois pela janela lateral. Fico me defendendo para impedir que ele entre, e acordo." (E., 38 anos)

Entendemos que E. luta com recursos psicológicos para impedir que entrem em seu consciente (carro) de lembranças ou vivências relacionadas à figura masculina.

"Sonhei que estava no meu carro e uma barata surgia no vidro dianteiro, tentando entrar. Eu estava apavorada (a sonhadora tem fobia de baratas), e acordei." (A., 41 anos)

Entendemos que a sonhadora luta contra entrar em contato (entrar no carro) com sentimentos viscerais excluídos (barata = sentimentos do esgoto e da sujeira).

Outras vezes, ele representa o que conduz a pessoa na vida. É *uma representação do projeto de vida, o que dá rumo na vida*. Nesses casos, aparecem não só carros como também ônibus, caminhões, trens etc.

"Sonhei que estava dirigindo meu carro e, ao contornar o anel que dá na avenida Nove de Julho, outro carro bate no meu e eu paro no canteiro. Olho a avenida e vejo que todos os carros estão parados. Acordo." (O., 40 anos)

Entendemos que O. vinha dirigindo a sua vida e, após uma situação traumática (batida de carro), todo o seu projeto de vida ficou paralisado (avenida parada).

O carro aparece também como marcador de época. Nesses casos, é um carro específico que realmente existiu.

"Sonhei que estava com mais alguém numa Brasília amarela e..." (R., 44 anos)

Nesse sonho, o carro em questão era o da família em 1978.

CARTEIRA – de dinheiro e documentos, representa uma extensão da identidade, do Eu do sonhador. Retrata também valores, poder, potência.

"Sonhei que tinha dinheiro, dólares e reais, na minha carteira. Alguém vem e, de maneira sutil, tira os dólares e deixa os reais. Acordo." (Q., 54 anos)

Entendemos que Q. constata que, em alguma época da sua vida, foi espoliado dos valores mais importantes (tira os dólares e deixa os reais).

"Sonho que estou num banheiro limpo e arrumado (o cliente vinha sonhando com banheiros sujos). Encontro uma carteira (parece a minha). Dentro tem um documento de identidade, mas a foto não está muito nítida. Quero devolver ao dono. Acordo." (E., 34 anos)

Entendemos que E. está em processo de reparação (banheiro limpo *versus* sujo) e encontra uma parte de sua identidade (parece minha carteira), mas ainda não se identifica (foto pouco nítida).

CASA – com frequência é um elemento de enquadre. É o cenário onde acontece o sonho, mas pode apresentar outros significados.

"Sonhei que estava na casa onde morei dos 7 aos 14 anos de idade e..." (L., 32 anos)

Entendemos, nesse caso, que a casa, além de elemento de enquadre, é também o marcador de época do sonho.

"Sonhei que estava em minha casa, mas não se parecia com nenhuma casa onde já morei e..." (J., 48 anos)

Entendemos que essa casa é uma *extensão do próprio Eu do sonhador*. Portanto, o enquadre desse sonho é o próprio indivíduo.

"Sonhei que estava em minha casa, abria uma porta (que na realidade não existe) e entrava em um salão vazio (que não existe). Acordo." (O., 48 anos)

SONHOS E SÍMBOLOS NA ANÁLISE PSICODRAMÁTICA

Entendemos que o sonhador está dentro do seu próprio Eu conhecido (casa) e começa a entrar em contato com uma região excluída (porta e salão vazio).

"Sonhei que estava em uma casa que era minha (mas nenhuma das quais já morei) e encontrava um pequeno corredor, que me fazia descobrir que tinha outra casa semelhante, bem ao lado da minha." (U., 39 anos) Entendemos que U. entra em contato, no sonho, com um *vínculo simbiótico* (outro Eu em paralelo) com alguma figura de seu mundo interno.

"Sonhei que estava em minha casa e de repente entro em uma parte dela que está sendo reformada (o que não acontece na realidade) e..." (S., 48 anos) Entendemos que o sonhador está entrando em contato com uma região de seu próprio Eu que está sendo reformulada.

"Sonhei que estava andando por uma praia e encontrei uma casa abandonada, deteriorada. Sei que é a minha casa (mas não tem nada que ver com a minha casa verdadeira)." Entendemos que o sonhador está entrando em contato com uma região abandonada do seu próprio Eu, possivelmente com conteúdos depressivos.

CASAMENTO – é a representação da união, da aliança, do compromisso público. Muitas vezes está marcando uma mudança de fase na vida, mudança de *status* social.

"Sonhei que ia me casar e estava na igreja. Estou esperando o noivo, mas não sei quem ele é. De repente, o noivo aparece, mas ele é uma mulher. Parece que não me importo com isso e vou me casar com ela. Acordo." (V., 32 anos) Entendemos que a sonhadora está se unindo (casando-se) com outro lado seu, ligado à energia masculina (noivo).

CASTELO – é a representação do Eu transcendente e mágico e a fantasia do sonhador. Está também ligado à proteção e a uma região fechada do próprio Eu.

"Sonho que vou entrar num grande castelo, com muros enormes. Na porta, tem um guarda e vejo um cachorro, grande e preto, preso em uma argola. Ele está machucado e quase enforcado. Quero ajudá-lo. Acordo." (C., 54 anos)

Entendemos que a sonhadora está entrando em contato com uma região de fantasias fechada do seu Eu (castelo). Encontra seu superego (guarda) e também seus impulsos, reprimidos e contidos (cachorro quase enforcado e preso).

CAVALO – é a representação da libido, dos instintos, da força, do poder, do ímpeto, dos impulsos sexuais. É a energia sustentadora do Eu. Estar montado no cavalo é ser senhor da situação, estar no comando dos próprios impulsos. A díade cavalo/cavaleiro é de intuição/razão, é o centauro.

"Sonho que estou andando e puxando um cavalo. Perto de um canteiro, ele fica rodeando e reclamo para meu avô, que ali aparece (o avô morreu quando ela estava com 14 anos), que o cavalo não quer continuar. De repente o cavalo some, mas as rédeas começam a me puxar e a me levar até o quarto da minha mãe. De repente, a tensão das rédeas desaparece bruscamente e eu caio para trás. Acordo com uma sensação ruim." (N., 40 anos)

Entendemos que a sonhadora está em contato com sua parte mais instintiva até um momento da sua vida (14 anos) quando começa a ter um conflito entre impulsos e razão. Perde parcialmente o contato com essa parte, mas continua sob influência dela (o cavalo some, mas as rédeas começam a me puxar). Ao estabelecer algum tipo de contato com a figura feminina (mãe = modelo feminino internalizado), ela perde totalmente o contato com sua parte instintiva.

CAVERNA – representa o Eu interior/útero materno. Tem também uma conotação do inconsciente mágico, secreto e escondido.

"Sonho que estou no interior de uma caverna quando surge uma quantidade enorme de morcegos. Eles voam por cima da minha cabeça e eu tento espantá-los. Acordo." (N., 24 anos)

SONHOS E SÍMBOLOS NA ANÁLISE PSICODRAMÁTICA

Entendemos que a sonhadora está no seu território inconsciente (caverna) quando entra em contato com vivências do mal (morcegos). Possivelmente pensamentos maléficos (voam sobre a cabeça).

CEGUEIRA – é a representação da cegueira psíquica. Ignorar a realidade dos fatos, das coisas, do outro e de si mesmo. Ficar cego é negar as evidências.

"Sonho que estou conduzindo uma moça cega, com muita paciência e carinho. Acordo." (Y., 36 anos)

Entendemos que a sonhadora está dirigindo a sua própria cegueira psíquica.

CEMITÉRIO – lugar dos mortos, da perda e da tristeza. Representa o núcleo depressivo e também sentimentos e vivências enterrados, isto é, amortecidos e esquecidos.

"Sonho que estou em um apartamento muito bonito, em uma festa. Parece que pessoas da minha família estão lá, e o ambiente é alegre. Saio por um momento na varanda e vejo, lá embaixo, do outro lado da rua, um cemitério. Acordo muito angustiada." (P., 30 anos)

Entendemos que a sonhadora está vivenciando um lado seu alegre (festa) e, de repente, entra em contato com vivências depressivas e amortecidas dentro e separadas de si (cemitério do outro lado da rua), que a tiram do clima de alegria.

CÉU – é a representação do almejar, alcançar, transcender, do ilimitado, sem fronteiras. É também ligado ao divino, a Deus.

"Sonho que eu, meu pai e meu tio estamos preparando tralha de pesca na praia (era uma coisa que sempre acontecia na minha infância e adolescência). De repente, eu estava andando sozinho na praia e vejo um bilhete caindo lá do céu. Ele vem planando lentamente em minha direção e traz escrita a mensagem: `Pare de chorar. Eu vim te ver'. Acordo." (H., 34 anos)

Entendemos que o sonhador está revivendo momentos de infância e adolescência em relação a programas masculinos (pescaria com pai e tio), quando entra em contato com uma proteção divina (bilhete que vem do céu).

CHAPÉU – é a representação de respeito, soberania, distinção social. É o que se sobrepõe às ideias e qualifica o sujeito. Mudar de chapéu é mudar de ideia.

CHAVE – é a representação do controle do abrir e do fechar, do abrir-se e do fechar-se para o mundo, para o outro e até para si mesmo. Abrir e fechar seus próprios conteúdos. Quem tem a chave tem o poder de abrir e fechar.

"Sonho que sou empregada numa casa. Tenho a sensação de ser um personagem, e ao mesmo tempo sou eu. Estou presa, mas sei que posso sair dali, embora não tenha a chave. Procuro e encontro uma grande chave antiga. Ponho na fechadura e percebo, radiante, que ela encaixou perfeitamente. Chega a patroa e disfarçadamente recoloco a chave no lugar. Acordo." (N., 46 anos)

Entendemos que a sonhadora percebe-se dissociada (personagem e verdadeiro Eu) e está presa dentro do seu mundo dominado (empregada presa). Descobre o controle de como libertar-se (chave), mas acovarda-se diante de sua dominadora (patroa).

CHUVA/GUARDA-CHUVA – é algo que vem de cima cujo significado principal é o de uma influência espiritual, dos sentimentos. Pode estar ligada ao conceito de purificação, fecundação e produção. Chuvas torrenciais simbolizam sentimentos tumultuados ou destrutivos. Estar na chuva para se molhar é entrar em contato com todos os sentimentos. O guarda-chuva é a proteção ou o impedimento, pois evita o contato com os sentimentos e as influências espirituais ameaçadoras.

"Sonhei que caminhava na chuva com um guarda-chuva bem próximo à cabeça, com medo de me molhar. De repente, chega o S. (marido da sonhadora) dizendo: 'Que guarda-chuva que nada!' Então, o guarda-chuva voou pelos ares. Acordei." (T., 50 anos)

SONHOS E SÍMBOLOS NA ANÁLISE PSICODRAMÁTICA

Entendemos que a sonhadora vinha evitando o contato com seus sentimentos, bem como envolver-se com os outros (esquivando-se do contato com a chuva). O marido faz que ela ultrapasse esse medo e envolva-se (tira o guarda-chuva).

CINEMA/TV – é a representação de estar assistindo a algo com que posteriormente o sonhador vai se identificar; assistir sem envolvimento afetivo. Haverá uma identificação posterior com os atores, os personagens ou a situação. É semelhante a estar na posição de observador no sonho.

"Sonho que estou assistindo pela televisão à abertura de uma barragem de água. Percebo que, na verdade, são várias barragens em série que vão se abrindo e a água vai escorrendo, formando um rio. Acordo." (U., 40 anos)

Entendemos que U. está assistindo (TV) a uma integração (formando um rio) de vários segmentos emocionais (represas de água) que estavam compartimentalizados em seu psiquismo.

CINZA – é a cor do alheamento, da indiferença e do amortecimento. É também a cor do conteúdo depressivo.

"Sonho que estou em uma cidade em ruínas. É a cidade dos mortos e suas casas lembram jazigos. Ela é toda cinza, tem formato circular e dois grandes corredores. Um guia vai me mostrando a cidade até que para em uma estação onde existe o desenho de um grande coração vermelho ao lado de uma mulher, também cinza, mas com o sexo e as coxas vermelhas. O guia me apresenta a mulher. Eu a cumprimento, dando-lhe a mão para me certificar de que ela existe realmente. Acordo."

Entendemos que o sonhador está em contato com uma região amortecida (cinza e cemitério) do seu Eu. Encontra uma figura feminina em que existe uma representação de forte emoção (coração vermelho) e também de forte sexualidade (sexo e coxas vermelhas), ao mesmo tempo que as outras partes dessa figura continuam amortecidas (cinza). Ele entra em contato com essa mulher (cumprimentando-a, dando-lhe a mão).

127

VICTOR R. C. S. DIAS

CIRURGIA – ou intervenções cirúrgicas representam intervenções psíquicas, influências ou mesmo invasões psíquicas.

"Sonho que estou em uma sala cirúrgica, sendo operado pela minha mãe. Ela opera o lado do meu pescoço. Tem um homem, acho que é meu pai, que me opera por trás, na nuca. Tenho de ficar com as pernas e os joelhos em repouso. Parece que a cirurgia foi na perna. Acordo." (H., 36 anos)

Entendemos que H. está constatando ter sofrido intervenções e influências psíquicas da sua mãe e do seu pai (cirurgia no pescoço e na nuca), entre o pensar (cabeça) e o sentir (tórax e abdome). A consequência dessas influências foi uma perda parcial de autonomia (perna e joelho).

CLITÓRIS – é a representação do prazer sexual feminino, do sexo genital.

"Sonhei que estava com minha amiga pediatra que ia me atender. Eu me sentei numa cadeira semelhante à de dentista. Quando ela vai se aproximando, vejo que seu clitóris está aumentado e ultrapassa a calcinha e a própria calça. Noto que ao redor dele existe água borbulhando e sei que isso quer dizer que ela está com tesão muito intenso. Acordei." (J., 42 anos)

Entendemos que J. pode estar entrando em contato com seu próprio tesão (amiga = lado de J.).

COBRA – é a representação do feminino maldoso, da fofoca venenosa, perfídia, traição, clandestinidade e maldição. Tem também uma simbologia masculina ligada ao pênis, à sexualidade masculina. A serpente simboliza a tentação, o pecado, é o diabo.

"Sonho que estou dormindo e começo a sentir algo se movimentando por baixo das cobertas. É um movimento sinuoso, insinuante, que toca todo meu corpo. De repente percebo que é uma cobra. Acordo apavorado." (P., 35 anos)

Entendemos que o sonhador (homossexual) está entrando em contato com uma parte insinuante, erotizada e possivelmente maldosa ligada ao elemento feminino (cobra insinuante).

COELHO – é a representação da ternura, da timidez, do inofensivo, do indefeso. Às vezes, representa promiscuidade sexual.

COFRE/BAÚ/ESTOJOS – São a representação do lugar onde ficam os conteúdos guardados e não revelados do sonhador. Abrir o cofre é revelar esses conteúdos. Está também ligado ao feminino, ao útero, aos mistérios guardados. É o tesouro escondido e a surpresa de encontrá-lo.

"Sonho que estou na cozinha de casa e vejo um cofre (que não existe), embutido na parede. Abro-o e encontro um passarinho e uma ratazana vivos. Eu me surpreendo de ainda estarem vivos. Acordo." (X., 32 anos)

Entendemos que o sonhador está abrindo um compartimento fechado (cofre) numa região de seu Eu identificada com a figura feminina (cozinha). Encontra contidos (presos e vivos) sentimentos de liberdade, sexualidade e poder (passarinho), além dos ligados ao furtivo, ao esgoto e à sujeira, que, por sua vez, referem-se à mulher (ratazana).

COISIFICAÇÃO – é o fato de pessoas ou elementos simbólicos se tornarem estátuas ou adquirirem características inanimadas. É comparável ao mecanismo de petrificação do núcleo esquizoide. Considerado um mecanismo equivalente ao fóbico, cuja principal função é a de não sentir, funciona como defesa, evitando que o sonhador entre em contato, mesmo no sonho, com o sentir.

"Sonhei que via um pacote grande de papel amarelado. Ao abri-lo, encontro um boneco de madeira de uns 50 centímetros. Reparo que ele tem cabelos pretos de verdade, que seus olhos também são escuros, estão abertos e muito vivos. Constato, muito surpresa e assustada, que ele está vivo. De repente, percebo que seus olhos são idênticos aos meus. Acordo sobressaltada!" (E., 40 anos)

Entendemos que E. entra em contato com uma parte sua que está petrificada, sem sentir (boneco de madeira), mas começa a reconhecer, assustada, que está parcialmente viva nos pensamentos (cabelo) e na observação (olhos).

VICTOR R. C. S. DIAS

"Sonhei que eu e algumas pessoas estávamos em algum lugar que não consegui identificar e, de repente, eu estava dentro de um tubo cilíndrico, escuro e levemente inclinado. Meu tamanho era de boneca. Pensei que estava dentro de um pênis. Saio em um local claro, atravesso algumas linhas de trem e chego a uma praia. Era uma praia diferente, com uma cachoeira, de onde vinham as ondas. As pessoas iam chegando e entrando na água. Eu olhava a certa distância. A água chegava perto dos meus pés e voltava, não chegava a me atingir. Eu não tinha medo. A onda vinha cheia de conchas e caramujos que viravam pedra quando batiam nas pessoas. As pessoas também ficavam presas, paralisadas, imóveis e sem expressão. Eu olhava e ia para trás. Via algumas pessoas presas até a cintura, outras só pelos pés, e pensava: `Viraram pedra!!!' Mas eu não sentia nada, nem medo da água nem dó das pessoas, nada! Eu estava numa ponta da areia e veio uma onda cheia de conchas, mas antes de atingir os meus pés ela virou pedra e o restante da água voltou para trás. Acordei." (R., 42 anos)

Entendemos que R. estava em contato com o universo masculino e acolhedor (pênis) na infância (boneca). Atravessa uma região de passagem (linhas de trem) e entra em contato com o universo feminino (água, cachoeira), com o qual está impedida de entrar em contato afetivo (petrificação).

"Sonhei que estava olhando para uma parede quando, de repente, de dentro dela, saiu um gato." (R., 42 anos)

Sabemos pela pesquisa do sonho que R. teve fobia de gatos muitos anos. Entendemos que a cliente está entrando em contato com uma série de sentimentos ternos, manhosos e até mesmo eróticos (gato) que estavam coisificados, petrificados (parede). Processo de despetrificação no sonho.

COLUNAS – representam a sustentação psíquica, o eixo de sustentação do Eu, a força vital de sustentação. São também um símbolo sexual masculino, a potência e o pênis. Ainda podem ser vistas como símbolos do registro do poder e da vitória.

SONHOS E SÍMBOLOS NA ANÁLISE PSICODRAMÁTICA

COMER – tem o significado de receber algo que pode ser nutrição, cuidado ou qualquer tipo de gratificação. Algumas vezes demonstra o impedimento de ter essa gratificação.

"Sonhei que estava em um bar com pessoas da minha família, mas não me lembro de quem eram; na minha frente tem uma garrafa de vinho e um pão (de que gosto muito), mas sei que o pão está envenenado. Acordo." (U., 19 anos)

Entendemos que U. está descobrindo que uma de suas gratificações vem com algum tipo de influência negativa (veneno no pão).

"Sonhei que estava na rua e via a vitrine de uma padaria com belíssimos pães e roscas expostos. Entro com uma vontade louca de comê-los, mas quando chego perto vejo que estão duros e secos. Acordo." (N., 47 anos)

Entendemos que N. se dá conta de que tem uma ilusão quanto aos seus objetos de gratificação, mas quando os examina mais de perto percebe que não os tem da forma que deseja. Na pesquisa do sonho, N. identifica toda a relação com sua mãe.

COMPARTIMENTOS – é a representação de compartimentos internos, psíquicos, que podem estar reprimidos, esquecidos, excluídos, evitados etc. Abrir armários, gavetas, banheiros, baús, malas etc. é abrir os compartimentos psíquicos.

"Sonho que estou fazendo limpeza na minha casa e subo na escada para acessar um armário da cozinha que fica no alto. Sei que não abro aquele armário há muito tempo. Ao abri-lo, várias pilhas de pratos ameaçam cair, e vejo que entre eles tem um presunto podre e melecado. Empurro tudo para dentro e fecho o armário. Acordo." (O., 42 anos)

Entendemos que a sonhadora está abrindo um compartimento psíquico de lembranças (armário, compartimento), que fica no alto (cabeça). Encontra lembranças com conteúdos pouco nobres e asquerosos (presunto podre e deteriorado). Tem certa resistência para examiná-los (fecha o armário de novo).

"Sonho com uma porta que não é aberta há muito tempo. Abro e descubro um banheiro, sujo e abandonado, que tem um grande cocô perto da porta. Apesar de tudo, não há mau cheiro. Acordo." (V., 30 anos)

Entendemos que a sonhadora está abrindo um compartimento psíquico ligado à sua intimidade corporal (banheiro) e encontra conteúdos emocionais viscerais em estado bruto (cocô), que não são chocantes (não têm mau cheiro).

CONTROLE/DESCONTROLE – é a representação de controlar, conter, segurar ou de perder o controle de seus impulsos, sentimentos, intenções, objetivos etc.

"Sonho que estava dirigindo sozinha e não queria voltar para casa, pois continuaria sozinha. Uma tempestade está se aproximando. Vejo pessoas correndo para se abrigar. Começa a chover muito e não enxergo mais nada. De repente, perco o controle do carro, fico apavorada, sinto o carro rodopiando. Acordo gritando." (V., 32 anos)

Entendemos que V., na tentativa de fugir da sua solidão (ficar sozinha), entra em contato com uma turbulência emocional (tempestade) e perde o controle de si mesma e/ou de sua própria vida (perde o controle do carro).

CORDA – representa um instrumento de ligação, de vínculo, ou seja, algo que limita, liberta, contém, estabelece contato. É também um elemento de ascensão; corda com nós para facilitar a subida.

"Sonho que estou na varanda de um apartamento, içando uma pessoa por uma corda. Penso que é uma amiga. Quando ela chega no parapeito, vejo que é minha prima, que não via desde os 12 anos de idade. Acordo." (O., 22 anos)

Entendemos que a sonhadora está estabelecendo contato (içando com uma corda) com vivências de seus 12 anos (prima dessa época).

"Sonho que estou no meu quarto e começo a ouvir a cortina balançar. Percebo que é uma cortina de cordas (que não existe). De repente, elas se soltam da cortina e me prendem na cama. Fico imobilizado e apavorado. Acordo." (Z., 56 anos)

Entendemos que o sonhador está entrando em contato com um mecanismo de contenção (cordas que imobilizam), mas ele não identifica uma origem mais clara (cortina balançando).

CORES – as cores, em geral, estão ligadas às funções psíquicas do ser humano. Representam sentimentos e muitas vezes qualificam determinados objetos e, nesses casos, são marcadoras de época.

"Sonho que estou com um vestido azul, de alças, e com cintura baixa e..." (M., 35 anos)

Entendemos que o azul, nesse caso, apenas qualifica determinado vestido que, no sonho, a sonhadora tinha por volta de 15 anos. Esse azul não deve ser entendido dentro da simbologia das cores.

"Sonho que estou numa casa de sítio, e o terreiro é de uma terra bem vermelha." (R., 29 anos)

Na pesquisa do sonho, a cliente lembra que essa é exatamente a cor do terreiro do sítio dos avós, local onde ela passava férias na infância. Esse vermelho ajuda a identificar o marcador de época (infância) e não deve ser entendido na simbologia das cores.

CORRENTE – é a representação de prisão, contenção psíquica, algo que prende o Eu. Expressa também vínculos sociais, elos da corrente, aquilo que une as pessoas com os mesmos objetivos ou ideias.

"Sonho que estou olhando para o céu e vejo o rosto de Deus formado pelas nuvens. Fico em êxtase, mas logo ele se transforma em uma cruz, primeiro de nuvens e depois de ferro. Vou ficando com medo, e vejo no telhado da igreja um homem enorme, irado, com dois pedaços de correntes presas nos punhos. Ele tinha arrebentado a corrente e ia destruir a igreja. Acordo." (K., 12 anos)

Entendemos que o sonhador está se identificando com sentimentos místicos (céu), que vão tomando forma religiosa (nuvens em forma do rosto de Deus e da cruz). Em seguida, começa a questionar esses sentimentos mais sofridos (cruz de ferro). K. encontra revolta e sentimentos hostis (homem bravo), mas vai se libertando da contenção (rompe as correntes) e ameaça destruir o superego religioso (igreja).

CORRER – é a representação da ansiedade de alcançar ou de fugir. Muitas vezes representa a passagem do tempo, para o futuro ou para o passado. É também o correr na vida, competir.

"Sonho que estou participando de uma maratona, perto da casa dos meus pais. Sou o segundo colocado e em determinado ponto quase alcanço o primeiro, mas ele corre e se distancia. Noto que estou nu da cintura para baixo. Acordo." (N., 30 anos)

Entendemos que o sonhador está entrando em contato com uma dinâmica de competição (corrida) com um Eu idealizado (quase alcança o primeiro). É uma competição ligada a conteúdos impulsivos, sexuais ou agressivos (nu da cintura para baixo).

COZINHA – é a representação do aspecto feminino, maternal e da intimidade familiar. É de onde vem o que alimenta.

"Desço por uma escada comprida e chego ao que parece ser um tipo de porão, mas é iluminado e tem uma porta de saída. É árido, o chão é de cimento, está todo rachado e as paredes estão descascadas. Estou descendo a mesma escada de novo e chego ao mesmo local. Vejo que não é um porão, mas uma cozinha. Está toda reformada. O chão e as paredes estão consertados e pintados de branco. Está cheia de uma água límpida e linda. Fico encantada com a água e penso que antes ela escoava pelas rachaduras do cimento. Vou pegar algo que tinha esquecido lá. Entro na água, mas ela não me molha. Acordo com uma sensação muito gostosa." (X., 63 anos)

Entendemos que D. está se aprofundando em si mesma (indo ao porão), mas entra em contato com uma parte do seu Eu feminino (cozinha) que antes estava árido e abandonado e agora está recuperado e carregado de emoção (água límpida). Ainda não consegue sentir toda a emoção (a água não a molha), mas está prestes a fazer algum tipo de resgate de um conteúdo interno do passado (vai pegar algo que ficou esquecido).

CRISTAL – é a representação da pureza, da beleza, do poder mágico.

"Sonho que achei vários cristais na terra e guardei-os num vidro. Quando vou limpá-los, meu sobrinho de 5 anos derruba-os no chão.

Quando vou recolher, descubro que só restou um cristal, o resto virou pedra. Acordo." (N., 33 anos)

Entendemos que a sonhadora encontrou dentro do seu Eu (terra) conteúdos de pureza, magia e beleza (cristais). Volta para sua infância (5 anos = marcador de época) e descobre que resta apenas um pouco desses conteúdos (um cristal). Os outros conteúdos são duros e frios (pedras).

CROCODILO – é a representação do predador, boca grande, mandíbula devoradora e voraz.

"Sonho que chego me arrastando e rastejando em uma ponte de madeira por sobre um vale todo estéril e árido. Quando estou no meio da ponte, surge um homem (apresentador de TV) que me diz que foi difícil, mas eu consegui. O meu prêmio é um jacaré, que eu devo abraçar. Fico com aversão, mas o abraço. Sinto a pele dura e áspera. Acordo." (N., 36 anos)

Entendemos que N. está prestes a ultrapassar uma fase da sua vida (ponte) ligada à carência (vale estéril, árido), bem como precisa entrar em contato com seu lado predador, que a ajudou a vencer na vida, mas que ela rejeita (sonhador se arrastando = lado seu de jacaré).

CUECA/CAMISOLA – é a representação da identidade íntima masculina (cueca) e da identidade feminina (camisola).

"Sonho que estou discutindo com meu marido sobre a nossa vida sexual. Vou me trocar para deitar e coloco uma camisola vermelha e branca. Fico intrigada, pois não tenho essa camisola. Então lembro que ela é da minha mãe, de quando eu era criança. Acordo." (X., 34 anos)

Entendemos que a sonhadora está em contato com sua dinâmica sexual (discussão com o marido), quando se dá conta de que sua intimidade feminina está misturada com a de sua mãe (a camisola que veste é a da mãe), da época de menina (camisola da infância).

CUSPIR – é a representação do desprezo e da humilhação. Cuspir em alguém é demonstrar seu desprezo.

"Sonho que estou andando por uma estrada de terra com meu primo. Ele está muito bem-vestido e, de repente, cospe no meu pé. Percebo que estou descalça. Acordo." (E., 42 anos)

Entendemos que a sonhadora está entrando em contato com sentimentos de desprezo (cuspir) por parte do primo ou da figura masculina que ele representa. Sente-se inferiorizada (pé descalço).

DANÇA – é a representação da expressão dos sentimentos, principalmente os de alegria, de festa.

DECAPITAR – cortar a cabeça ou ficar sem ela. Produzir uma cisão mente/corpo. Separar os sentimentos e os impulsos (corpo) do entendimento racional e da razão (cabeça).

"Sonho que estou andando por uma rua com minha filha de mais ou menos 6 anos, quando um homem (que não conheço) passa a mão nela de forma erotizada. Pego um facão e corto a cabeça dele fora, de maneira muito fria e sem sentir nada. Acordo." (Q., 35 anos)

Entendemos que o homem é possivelmente outro lado do sonhador, que apresenta impulsos e sentimentos eróticos incestuosos. Ao cortar a cabeça dela, Q. faz uma cisão entre os seus próprios impulsos, sentimentos, e sua parte racional. O fato de não sentir nada no sonho pode ser entendido como já estar dissociado.

"Sonho que estou olhando no espelho e vejo o meu corpo sem a cabeça. Noto que no meu pescoço decapitado existe um acabamento muito bem feito de metal. Acordo." (O., 42 anos)

Entendemos que a sonhadora constata uma cisão mente/corpo já consolidada e tamponada (acabamento de metal).

DEFESAS INTRAPSÍQUICAS – assim como acontece no setting terapêutico e na própria vida, as defesas intrapsíquicas aparecem também nos sonhos.

Devemos lembrar que sua função é a de tamponar o material excluído da segunda zona de exclusão e impedir sua entrada nos domínios do Eu consciente.

SONHOS E SÍMBOLOS NA ANÁLISE PSICODRAMÁTICA

Convém lembrar também que muitos sonhos trazem à tona material excluído da segunda zona de exclusão para o contato com o Eu consciente.

Entendemos que o aparecimento de defesas intrapsíquicas no sonho é um sinal de que o material excluído em questão não encontra nenhuma abertura no Eu consciente, mesmo que esteja vindo sob a forma de material onírico codificado.

"Sonho que estou sentada em uma sala com meu pai, minha mãe e minha irmã. É a sala de uma casa em que morei até o início da adolescência. Estou sentada em um sofá amarelo de dois lugares (que realmente existia). Vejo num canto da sala um monte de almofadas (que não existiam) e, de repente, surge um rato entre elas. Fico muito apreensiva e, por alguma razão, tenho muito medo de que as pessoas o vejam, principalmente o meu pai. O rato corre para debaixo do sofá e passa por baixo das minhas pernas, sem me tocar. Na hora em que ele passa sinto que minhas pernas ficam frias e amortecidas. Acordo." (M., 35 anos)

Entendemos que a sonhadora está revivendo material depositado de sua infância e início da adolescência (o sofá amarelo é um marcador de época) e o aparecimento de sentimentos e situações menos nobres de sua vida (rato = sentimentos de esgoto, do submundo) e tem muito medo de que a família perceba. Não chega a entrar em contato com esses sentimentos (o rato não a toca), mas aparece uma defesa intrapsíquica do tipo conversiva (frio e amortecimento da perna). Posteriormente, esse elemento (rato) foi desembocar, após vários sonhos, em vivências eróticas, nessa época com um tio.

"Sonhei que estava em uma rodoviária com meu marido e meus filhos. De repente, avisto o meu primo. Fico muito constrangida e evito que ele me veja. No momento seguinte, estou em um banheiro lavando as mãos muitas vezes." (K., 39 anos)

Na pesquisa do sonho, esse primo é uma figura marginal da família. É bastante desonesto em relação a dinheiro e tem condutas antissociais. Entendemos que N. sente-se ameaçada de entrar em contato com seus próprios sentimentos antissociais e passa a apresentar no sonho uma defesa intrapsíquica de ritual compulsivo (lavar muitas vezes as mãos).

Na realidade, N. apresenta tanto na vida como no *setting* terapêutico defesas obsessivo-compulsivas ligadas ao medo de contaminação.

"Sonhei que um cachorro grande, preto e peludo vinha em minha direção de forma amigável e eu também começava a me abaixar para agradá-lo. De repente, pego um monte de jornais e embrulho o cachorro. Percebo, então, que ele está morto. Tenho medo de desembrulhar o pacote e olhar para ele morto. Peço para meu marido jogar o pacote no lixo. Acordo." (R., 44 anos)

Na pesquisa do sonho, a sonhadora conta que embrulhar o cachorro foi um ato impulsivo, e que não tinha nenhuma intenção de matá-lo.

Entendemos que R. começa a entrar em contato com uma parte dela ligada aos impulsos ou com uma figura de mundo interno de maneira cordial (cachorro preto e peludo). Subitamente, racionaliza, intelectualiza (embrulha com jornal), amortece esses impulsos (mata o cachorro) e tem medo de entrar em contato novamente com eles (ver o cão morto). Utiliza a proteção do marido para evitar o contato com esses impulsos e manda-os novamente para uma zona de exclusão (lixo).

Vemos nesse sonho uma defesa fóbica (evitar de maneira repentina e sem uma intenção aparente o contato com o elemento simbólico), um mecanismo de racionalização (embrulhar com jornal) e um amortecimento (matar o elemento simbólico).

DENTES – são a representação da agressividade, do morder, abocanhar, possuir, atacar e defender seus interesses. Perder os dentes é perder força vital, frustração, castração, falência, juventude e agressividade. Indicam também perder a capacidade de "abocanhar a sua parte das coisas".

"Sonho que meus dentes estão quebrados e levo-os para meu dentista colar. Acordo." (H., 50 anos)

Entendemos que a sonhadora constata que sua agressividade e força foram traumatizadas (quebradas) e tenta uma recuperação (leva para o dentista colar).

"Sonho que estou andando por locais desconhecidos e encontro vários dentes que eu havia perdido. Vou recolhendo-os e guardando-os. É uma quantidade muito maior do que deveria. Acordo." (N., 47 anos)

Entendemos que N. está entrando em contato com as oportunidades perdidas num período da vida em que não defendeu os próprios interesses (dentes perdidos) e resgatando-as (recolhendo os dentes).

DESCER – é a representação de ir para o fundo de si mesmo, ir da fantasia para a realidade, deslocar-se para o passado, dirigir-se ao passado.

"Sonho que estou andando de bicicleta na minha cidade, no interior. De repente, começo a descer uma ladeira de terra molhada, que não existe, na verdade. Derrapo várias vezes, e lá embaixo está acontecendo uma feira agropecuária (comum na minha infância). Acordo." (M., 22 anos)

Entendemos que a sonhadora está saindo do seu tempo presente (andando na cidade de hoje) e indo ao encontro de vivências do passado (descendo a ladeira que não existe).

DESERTO – é a representação da aridez emocional, de uma região estéril dentro do Eu. Significa também isolamento e solidão.

"Sonho que estou numa espécie de prédio, que parece a faculdade onde leciono, e meu namorado me mostra pela janela uma paisagem que, num primeiro momento, parece ruínas. Depois, percebo que é uma região bem árida, sem nenhuma vegetação. Descubro que é um deserto. Acordo muito angustiada." (W., 36 anos)

Entendemos que W. está entrando em contato com uma região afetiva de seu Eu que se encontra árida e estéril de sentimentos.

DESFILE – é a representação de se expor ao social, ser visto e avaliado pelos outros, exibir-se, mostrar o corpo. Estar na passarela é estar exposto e exibido.

"Sonho que estou com várias adolescentes. Vamos desfilar em uma passarela com uma grande plateia. Sinto-me amedrontada, mas vou enfrentar a situação. Acordo." (V., 32 anos)

Entendemos que V. está revendo situações de exposição perante o social (desfile na passarela) da sua época de adolescente. Sente medo, mas enfrenta a situação (reparação dentro do sonho).

DESLOCAMENTOS – os deslocamentos espaciais durante o sonho são geralmente representações oníricas de deslocamentos temporais. Estar andando em uma estrada é estar andando na vida, no tempo.

"Sonho que estava andando em uma estrada e chegando perto de uma cidade. À medida que me aproximo, reconheço que é a cidade onde nasci e passei a minha infância." (B., 37 anos)

Entendemos na decodificação que o sonhador está entrando em contato com vivências da sua infância por intermédio do sonho.

"Sonho que estava descendo a rampa da minha casa de praia e no fim dela encontro C., que foi um colega da época do colégio, que não vejo há mais de 20 anos." (L., 35 anos)

Entendemos que o sonhador está saindo do tempo atual e voltando à sua época do colégio.

"Sonho que estava andando de lambreta com uma amiga na garupa. A estrada é de terra e vai ficando cada vez mais estreita. Tudo escurece até que não enxergo mais nada. Sinto muita angústia, mas continuo dirigindo. Chego em uma vila e consigo enxergar algumas pessoas." (R., 43 anos)

Entendemos que a sonhadora está passando por uma fase de sua vida em que as lembranças e vivências ainda estão muito encobertas (escuro).

"Sonho que estava atendendo uma cliente que também se chamava V., que me dizia ter 19 anos. Eu estava na minha clínica, mas não era a verdadeira. Em determinado momento, saio por um corredor comprido e chego a uma sala, lá no fundo, que está cheia de adolescentes. Peço para eles saírem, pois vou usar a sala. Uma garota gordinha, de aproximadamente 13 anos, se recusa a sair. Brigo com ela, mas de repente me reconheço aos 13 anos. Acordo." (V., 40 anos)

Entendemos que a sonhadora entra em contato primeiro com vivências de seus 19 anos e, após o deslocamento temporal (andar no corredor), com seus 13 anos.

"Sonho que entro em um elevador com alguns adolescentes e subo até o 16º andar, quando eles saem. De repente, o elevador começa a descer e para em um porão cheio de coisas. Noto uma mesa grande, que tinha na fazenda onde passei a minha infância." (Z., 42 anos)

O elevador descendo sugere um deslocamento temporal estabelecendo um contato entre a adolescência (16 anos) e a infância da sonhadora.

Os deslocamentos espaciais, principalmente os verticais, podem estar relacionados a um aprofundamento no próprio Eu.

"Sonho que estou em um elevador que está descendo, me levando para uma espécie de porão. Alguém está comigo, mas não vejo quem é e começo a andar por um corredor escuro e subterrâneo. Noto uma saliência no teto à minha frente e de lá surge um enorme rato. Corro e entro em um elevador para subir. Acordo." (U., 40 anos)

Entendemos que, nesse caso, o deslocamento do elevador leva o sonhador até um aprofundamento de seu próprio Eu, quando ele entra em contato com seus sentimentos menos nobres (rato), voltando de lá assustado.

Outras vezes, os deslocamentos espaciais estão relacionados a caminhos dentro do próprio Eu.

"Sonho que perdi minha bolsa e estou procurando-a. Ando por uma série de ruas desconhecidas que parecem um labirinto e acabo chegando a uma rua onde existe uma banca de camelô que vende bolsas. Vejo muitas bolsas, mas a minha não está lá. Acordo." (N., 48 anos)

Entendemos que N. perdeu contato com uma parte de seu próprio Eu (bolsa) e está explorando uma região desconhecida dentro do Eu (labirinto) para achá-la. Encontra algo semelhante, mas não igual.

DESMORONAMENTO – é a representação de desmontar o conjunto de crenças, ruir o conjunto de verdades. É a alteração brusca do conceito de identidade, desencanto e decepção. Desmoronar uma casa, um prédio é desabar um conjunto de crenças.

"Sonho que estou em meu escritório olhando para dois prédios. De repente, esses prédios desmoronam. Dos escombros, vejo sair três policiais femininas. Elas estão descabeladas e com as roupas amassadas. São todas iguais e se parecem comigo. Acordo." (E., 42 anos)

Entendemos que E. está constatando um desmonte de crenças (desmoronamento), possivelmente ligado a duas figuras internalizadas (dois prédios). Dessa decepção, sobram referências egoicas (policiais femininas identificadas com ela), mas abaladas nos pensamentos (cabelos) e na identidade (roupas).

DESPROPORÇÃO/AUMENTO – ver as coisas ou pessoas de forma aumentada durante o sonho é geralmente a representação da visão infantil, como a criança vê ou viu essas coisas ou pessoas. É ao mesmo tempo uma evidência de marcador de época.

DIABO – é a representação da maldade, dos sentimentos maus e perversos, do lado mau de cada pessoa.

"Sonho que estou no banheiro tomando banho, quando ouço um barulho no teto e um vulto cai dentro do box. Fico apavorada. É o diabo, com chifres e tudo. Acordo muito assustada." (N., 40 anos)

Entendemos que N. estava em contato com sua intimidade (banheiro) e limpando suas sujeiras (tomando banho), quando entra bruscamente em contato com seu lado mau e perverso (diabo).

"Sonho que estou em casa e vejo minha filha (H., 18 anos). Tem algo em suas costas. Percebo que é um vulto, e ele vai para o quarto dela. Ela entra no quarto e grita, com medo: `Tem alguma coisa lá'. Instala-se um clima de pânico, meu marido chuta a porta e me diz que lá tem outra H. Logo percebo que essa outra está tomada pelo diabo. Digo que elas não podem ficar separadas, pego as duas e fundo uma na outra. Depois vamos passear pela rua. Acordo." (U., 40 anos)

Entendemos que U. está na posição de observadora e que sua filha é uma parte de si mesma na faixa dos 18 anos. Ela percebe

SONHOS E SÍMBOLOS NA ANÁLISE PSICODRAMÁTICA

seu lado de sentimentos menos nobres (diabo), mas integra-o no seu Eu (funde os lados) e sai para a vida (passear na rua).

DISSOCIAÇÃO – funciona como um mecanismo de defesa em que há uma desconexão entre uma parte e outra do psiquismo do indivíduo. Nos ingeridores, a dissociação ocorre entre o pensar (mente) *versus* sentir (corpo) e percepção (ambiente). Nos defecadores, ocorre entre sentir *versus* pensar e percepção; e nos urinadores, entre percepção *versus* sentir e pensar.

"Sonhei que estava numa casa (que não conheço) com a minha família, mas as pessoas são estranhas. Vejo alguém que mora nessa casa e mata as pessoas. É um homem, que vem pairando sobre a casa, esgueirando-se por compartimentos no teto. As pessoas não conseguem vê-lo, só eu. Às vezes parece que eu sou ele. É muito angustiante. De repente, sei que outra família vai se mudar para aquela casa. Tento avisá-los do perigo, mas não consigo estabelecer contato com eles. Acordo muito angustiado." (N., 32 anos)

Entendemos que N. está dentro do seu próprio Eu (casa) e se dá conta de outro lado seu encoberto (homem que se esgueira no teto) e amortece os sentimentos em relação às pessoas (mata as pessoas). Ele se sente impotente de controlar esse lado e também de comunicar seus sentimentos às novas pessoas (avisar a nova família). N. é casado há pouco tempo. Entendemos que ele tem um lado dissociado que está agora entrando em contato (*self* desencarnado na concepção de Laing).

"Sonho que estou andando por uma rua próxima ao grupo escolar que frequentei quando tinha 11-12 anos. Um motociclista está subindo a rua ao meu lado. Pressinto e sei que vai haver um acidente. Viro o rosto do lado contrário para não ver. Quando olho novamente, vejo que ele foi cortado e dividido em duas partes na altura da cintura. A moto está caída com a parte de baixo (pelve, quadril, pernas, pés) enroscada nela e a parte de cima (tórax, abdome e cabeça com capacete) tentando se levantar. Parece que não se deu conta de que está cortado. Acordo." (H., 36 anos)

Entendemos que H. está revendo vivências de 11-12 anos de idade (marcador de época = rua do grupo escolar) e se dá conta de uma dissociação ocorrida após aquela época entre cabeça, tórax e parte de cima do abdome (pensamentos e sentimentos), e barriga, pelve e quadril (impulsos e sentimentos viscerais).

DIVISÃO INTERNA EXTERNALIZADA – manifesta-se nos símbolos ou nos personagens, mas na verdade é uma divisão interna do próprio indivíduo.

"Sonho que estou em um recinto que parece um pouco um restaurante. Tem uma TV enorme. De repente, aparece um homem muito bem--vestido que me diz que o mundo vai acabar. Precisamos nos esconder muito rápido. Ele diz isso e, muito gentilmente, pega em meu braço e vai me conduzindo. Chega então outro homem, mas de roupa esporte, que também de forma gentil pega no meu braço e me conduz para o outro lado dizendo que o mundo não vai acabar e me chamando a atenção para o lindo céu, para os passarinhos. Nesse momento, o outro homem volta a pegar meu braço e repete os seus argumentos de que o mundo vai acabar, me conduzindo para o outro lado. O outro me pega e faz a mesma coisa. Durante esse tempo, vejo de relance um militar que está em farda de gala, mas não toma nenhuma atitude. De repente, paro e penso: 'Eu acho que o mundo não vai acabar, pois eu saberia pela TV e também as coisas não estariam tão calmas'. Noto que os homens sumiram e estou sozinha." (H., 38 anos)

Entendemos que H. está no seu mundo interno e relacionando-se com o mundo a distância (restaurante e TV). Ela passa a ser conduzida por dois lados seus projetados nos dois homens, a respeito de se afastar do envolvimento com o mundo (o mundo acabar e se esconder) ou então se envolver com ele (o mundo não acabar). A figura do militar é uma representação egoica, que fica a distância. Finalmente, H. consegue tomar uma decisão por si mesma e a projeção nos outros desaparece. O sonho corrige, no próprio sonho, a divisão interna externalizada. É um sonho com material reparatório.

DOCES – são representações de gratificação afetiva, agrados, elogios. Algumas vezes representam de sentimentos ternos e carinhosos.

"Sonho que estou com meu pai e um menino de mais ou menos 10 anos sentados numa mesinha de bar. Peço um sorvete e começo a chupar, mas não sinto sabor algum. Acordo." (T., 24 anos)

Entendemos que T. está em contato com vivências de seus 10 anos (menino de 10 anos = marcador de época) na relação com seu pai. Recebe gratificações (sorvete), mas não tem satisfação ou prazer (não sente o gosto).

DOCUMENTOS/CARTEIRA DE IDENTIDADE – é a representação da própria identidade. Podem significar autorização (passes), autonomia de dirigir a vida (carteira de motorista), credenciamento (crachás).

"Sonho que mando fazer uma carteira de identidade nova e imagino que vou recebê-la mais bonita e com os números da carteira de motorista. Vou à agência dos Correios e recebo um pacote muito bonito. Abro e vejo que a carteira de identidade veio num papel feio, sem plástico e sem os números da carteira de motorista. Fico decepcionado e devolvo para refazerem. Acordo." (O., 50 anos)

Entendemos que O. está tentando refazer sua identidade (carteira de identidade) e sua autorização para dirigir sua própria vida (carteira de motorista). Constata sua falsa percepção de si mesmo (pacote bonito), pois ainda não tem uma noção clara de sua própria identidade nem de sua autonomia na vida (identidade feia e não plastificada, sem número da habilitação de motorista).

ENCRUZILHADA – retrata ponto de encontro, passagem de uma etapa da vida para outra. Relaciona-se com o momento de escolha, de decisão entre ir por um lado ou por outro, impasse e definição. É também uma representação mística em que o terreno se encontra com o divino, passagem dos espíritos.

"Sonho que são tempos de guerra e a cidade está vazia. As pessoas se abrigam em suas casas. Estou dentro de casa e meu pai protege a janela com um plástico transparente. A terapeuta chega num carro para me salvar. Vamos em dois carros, mas numa encruzilhada eu perco a terapeuta de vista. Acordo." (N., 35 anos)

Entendemos que N. viveu uma situação de ameaça em relação ao mundo externo (guerra/tem de ficar em casa) em alguma época de sua vida. O pai mostra o mundo lá de fora, mas não a encoraja a enfrentá-lo (plástico transparente na janela). A terapeuta (dublê de figura feminina da época) a estimula a sair para o mundo (salvar), mas N. perde o contato com esse modelo numa fase de transição (encruzilhada).

"Sonho que estava dando aula e, de repente, é minha amiga que está dando aula. Vou até a esquina e quando viro estou na rua da casa em que morei quando tinha 10 anos. Acordo." (N., 35 anos)

Entendemos que N. está no seu papel de professora e, de repente, fica observando outra mulher nesse papel (amiga). Nesse momento, é remetida para alguma lembrança (vira a esquina e vai para o passado) de seus 10 anos. Podemos inferir que há ligação quanto a vivências de aluna/professora.

ENFORCAR – é uma forma de produzir uma cisão mente-corpo, tal qual a decapitação. Muitas vezes, é também um modo de reprimir e impedir a conscientização de sentimentos e impulsos proibidos.

"Sonho que estou na entrada de uma gruta com minha mulher. Então, um homem (que não identifico) surge e caminha em minha direção. Fico furioso e começo a estrangulá-lo com muita força. Enquanto o estrangulo ele vai se transformando, bem rápido, em uma série de bichos repulsivos, e em imagens, até se tornar uma espécie de geleca. Acordo." (H., 37 anos)

Entendemos que H. está na iminência de entrar em contato com um possível lado seu constituído de sentimentos menos nobres (bichos repulsivos) e reprime isso com violência (estrangulamento). Embora tenha reprimido esses conteúdos, ele tem um vislumbre deles, entrando assim em contato, mesmo que muito rápido, com esse seu lado. Na sequência dos sonhos, H.

teve vários sonhos em que foi aparecendo uma série de sentimentos antissociais.

ESCADA – representa a ligação entre o superior e o inferior, entre o que está "em cima" e o que está "embaixo". Subir a escada é ascender, obter progresso material, crescer espiritualmente, ir ao encontro dos objetivos. Descer a escada é a decadência, a derrota, é ir ao encontro do oculto e às profundezas do inconsciente, é baixar as aspirações. Também é a ligação entre as várias partes do corpo com o psíquico. É a passagem entre cabeça e tórax (pensamentos/sentimentos), entre pelve e abdome (impulsos/sentimentos) etc.

"Sonho que estou subindo uma escada estreita que dá acesso à ponte de comando de um navio. Vejo o timão e o céu azul. De repente, sou empurrada e caio escada abaixo. Não vejo quem me empurra. Tento mais uma vez e sou novamente empurrada, com mais violência. Acordo." (V., 60 anos)

Entendemos que V. está tentando assumir o comando mental (ponte de comando/timão/céu/mente) do seu próprio Eu emocional (navio) e é impedida. V. está tentando fazer uma ligação (escada) entre seu corpo (navio) e sua cabeça (ponte de comando).

ESCORPIÃO – refere-se aos sentimentos de violência, ódio e vingança. Tem uma simbologia maléfica e belicosa contra os outros e contra si mesmo, na medida em que pica e envenena a si mesmo.

"Sonho que passava a mão pelo meu rosto e sentia um calombo entre o lábio superior e a narina. Começo a espremê-lo e dele saem duas larvas esbranquiçadas. Passo novamente a mão e sinto um calombo ainda maior. Me assusto e penso em recorrer a um médico, mas depois resolvo espremê-lo eu mesmo. Começo a espremer e vai saindo um escorpião. Vejo a cauda com o ferrão e penso que se ele voltar para dentro pode me picar. Espremo-o e ele sai inteiro. É um escorpião muito violento, e quando é tocado com um lápis emite raios e dá um forte bote. Passo a mão no meu rosto e está liso. Acordo." (O., 50 anos)

Entendemos que O. entra em contato com seus conteúdos internos pouco definidos (larvas) e depois com outros mais definidos e caracterizados de ódio, violência e vingança (escorpião).

ESCRITA – é a representação de uma mensagem, informação.

"Sonho que estou assistindo à TV e aparece uma reportagem sobre meu ex-marido. É um texto escrito em forma de verso: ... e o senhor chegou aqui/ para salvar todo este troço,/ mas agiu como se tivesse/ é com fogo no `negócio'. Acordo." (N., 50 anos)

Na pesquisa, a sonhadora entende que é um resumo de seu casamento. O marido era um apoio e a solução das coisas, mas só tinha interesse sexual.

ESCURO – simboliza entrar em contato com material desconhecido, vivências e lembranças encobertas. Muitas vezes, o escuro aparece como clima ou foco afetivo. Um sonho escuro geralmente está abordando material encoberto.

"Sonho que estou dirigindo em alta velocidade por uma estrada muito escura. Não enxergo o beiral da estrada. De repente, começo a ver um esboço de um prédio em meio à escuridão. Acordo." (E., 50 anos)

Entendemos que o sonhador está andando na vida (estrada), numa região muito desconhecida e encoberta (escuro), e começa a enxergar alguma estrutura psíquica (prédio).

ESPELHO – é a representação do ver a si mesmo, do encarar-se, da introversão, do ver refletidos seus conteúdos. O espelho reflete os conteúdos do coração. Passar para o outro lado do espelho é entrar em contato com os conteúdos encobertos, excluídos, escondidos. É também o espelho mágico que ilumina e revela o oculto e, portanto, revestido de poder e magia.

"Sonho que estou me vendo no espelho e meus cabelos estão cortados na altura da metade da cabeça (a sonhadora tem cabelos longos), além de estar sujos e imobilizados por uma espécie de gel. Acordo." (U., 40 anos)

Entendemos que U. está vendo refletida no espelho uma parte de seus pensamentos e crenças (cabelos) que foram podados e se acham impregnados e imobilizados (gel) de algo que veio de fora, possivelmente outros códigos de valores.

ESQUARTEJAMENTO – o corpo esquartejado no sonho é comumente uma representação da personalidade partida e dissociada. Na maioria das vezes está ligado ao mecanismo da dissociação. "Sonho que estou andando por uma rua e vejo um homem todo arrebentado. As mãos estão separadas dos braços, que foram arrancados do corpo, e do corpo só vejo a cabeça. O tórax foi cortado na altura da barriga. De repente, ele movimenta a cabeça e constato que está vivo. Vejo que uma ambulância vai recolher os pedaços e levá-los a um hospital. Penso em dar-lhe soro na veia, mas acho que é inútil, pois ele vai escorrer pelos membros arrancados. Acordo." (O., 38 anos)

Entendemos nesse sonho que O. está entrando em contato com um lado seu todo dissociado. Não existe a ligação entre cabeça e tórax *versus* quadril (dissociação entre sentir, pensar e os impulsos) e ainda está dissociado dos braços e das mãos (perda de iniciativa e de ação). Tenta mentalmente estabelecer um tipo de ligação entre as partes, mas não consegue (o soro não funciona como elemento de ligação porque vai escorrer). Aponta uma tentativa de reconstrução (ambulância vai levar para o hospital).

"Sonho com um menino de mais ou menos 10 anos, que só tem o tórax e a cabeça. Não tem braços, quadril nem pernas. Acordo assustada." (E., 40 anos)

Entendemos que a sonhadora está entrando em contato com a figura masculina, mas dissociada entre pensar, sentir (cabeça e tórax) e os impulsos (quadril), bem como sem capacidade de iniciativa e ação (braços e mãos).

"Sonho que estou com minha mãe e sei que uma moça foi esquartejada. Vejo várias partes dela. Minha mãe diz que é melhor queimá-la para ninguém descobrir. Jogamos gasolina e queimamos seu corpo. Acordo." (U., 36 anos)

Entendemos que U. está entrando em contato com um lado seu ou de alguma figura feminina que foi desconectado, dissociado e depois reprimido (esquartejado e queimado) com a cumplicidade da mãe.

ESQUELETO – é a representação da estrutura profunda do ser. É a base, o que sobra, a parte dura e sem vida. O osso é o cerne, o não perecível.

"Sonho que vários animais, principalmente cavalos e bois, se aproximam. Quando chegam mais perto, vão se transformando em esqueletos e caem no chão. Nenhum deles chega até mim. Acordo." (R., 38 anos)

Entendemos que a sonhadora está tentando entrar em contato com seus sentimentos e impulsos (cavalos, bois), mas eles se descaracterizam (perdem a configuração), restando somente a essência (esqueleto).

ESQUINA – é a representação da mudança de uma fase da vida. Dobrar uma esquina é ultrapassar uma fase, dar uma guinada na vida. Estar parado numa esquina é estar retido numa mudança de fase da vida.

"Sonho que saio para uma rua iluminada. Ando por ela, dobro uma esquina e entro numa rua muito escura. Dou alguns passos e começo a sentir muito medo. Recuo para a rua anterior e acordo." (Q., 40 anos)

Entendemos que Q. está andando na vida conhecida (rua iluminada) até que em algum momento entra em contato com uma fase de sua vida que está encoberta (rua escura) e tem muito medo de averiguar (recua).

ESTRANGEIRO, ESTAR NO – é a representação de estar num lugar pouco frequentado e desconhecido do próprio Eu.

"Sonho que estou no meio de uma guerra, no Iraque. Está escuro, ouço tiros e vejo pessoas caídas. Estou com roupa de camuflagem e digo a um homem, ao meu lado, que preciso me defender. Acordo." (H., 35 anos)

Entendemos que a sonhadora está entrando em contato com algum tipo de conflito (guerra), isto é, está envolvida numa região pouco conhecida de seu próprio Eu (Iraque/estrangeiro). O conflito é possivelmente ligado à relação com a figura masculina (homem ao meu lado).

ESTUPRO – é a representação do sexo imposto, não consentido, dominador e dominado, humilhador e humilhado, subjugado, invasão da intimidade.

"Sonhei que estava em um ponto de ônibus e um homem estuprou uma mulher, brutalmente. Ela gritava muito, mas depois continuou no ponto, como se nada tivesse acontecido, sem constrangimento algum. Acordo." (N., 35 anos)

Entendemos que N. está revendo, em determinado momento de sua vida (ponto de ônibus), alguma situação em que ela viu, ouviu ou mesmo participou de um relacionamento sexual que lhe pareceu agressivo (estupro), mas ficou dissimulado dentro da sua lembrança (fica no ponto de ônibus como se nada tivesse acontecido).

EXTRATERRESTRE – é a representação de algo, de sentimentos, pensamentos, percepções de origem desconhecida.

"Sonho que estou na minha casa. Ela é muito apertada, geminada e escura. De repente, surgem vários discos voadores com luzes coloridas, brilhantes que, por telepatia, me mandam uma mensagem que é somente um nome: Ana de... Acordo." (N., 40 anos)

Entendemos que N. está num ambiente opressivo e depressivo (casa apertada e escura = útero) e recebe uma mensagem de um lado desconhecido e sem origem do seu próprio psiquismo, com características opostas à opressão e depressão (luzes coloridas e brilhantes).

"Sonho que estou na rua em companhia de um bando de extraterrestres. Existem vários e estão andando e conversando, eu só os observo. Tem um, pequeno, com cara quadrada, duas antenas na cabeça e um grande manto. De repente, ele estende as mãos para fora e pega uma flor para cheirar, noto que tem apenas três dedos. Sinto uma grande sensibilidade nesse gesto. Outro deles tem três pernas e orelhas de elefante, que apontam para os prédios. Ele é muito alto e fala algo. Outro ainda tem quatro patas e nariz enorme. Acordo." (H., 36 anos)

Entendemos que a sonhadora está entrando em contato com aspectos das figuras de seu mundo interno que são totalmente desconhecidos (extraterrestres), bem como identifica, em uma delas, certa sensibilidade.

FADA – é a representação do poder de satisfação dos desejos, da fantasia e da imaginação, da bondade e da ternura.

FANTASMA – é a representação das revivências e lembranças sem definição, que estão emergindo e tomando forma. É também ligado ao surgimento, à aparição súbita, ao susto. Vem do inconsciente e aparece de repente.

"Sonho que estou dormindo e começo a ouvir uma voz de fantasma: 'Uuuuh... Uuuuh...' que vai se aproximando. Fico apavorado. De repente, o lençol é arrancado e suspenso. Levanto-me e vejo a sala do apartamento cheia de gente. Começo a pô-los para fora. Sobra uma mulher negra (que não conheço), que tenta algo erótico comigo. Ponho ela para fora também. Acordo." (Z., 48 anos)

Entendemos que o sonhador sente a aproximação de lembranças e vivências sem definição (fantasma) que o deixam, subitamente, exposto (tira o lençol). Identifica uma invasão de lembranças no seu Eu (gente na sala) e, em especial, conteúdo erótico encoberto (mulher negra = anverso). Z. reprime essas lembranças (põe todos para fora).

FERIDA – as feridas e as lesões que aparecem nos sonhos normalmente têm um significado de feridas psíquicas ou emocionais.

"Sonho que estou na beira de uma praia. A água é morna e acolhedora. Ao longe vejo barcos; muitas pessoas estão no mar. De repente, começa certo tumulto. As pessoas saem correndo da água. Vejo que uma espécie de ácido ataca a pele das pessoas. Elas saem da água com a pele toda corroída. Acordo." (P., 30 anos)

Entendemos o mar como uma região de acolhimento materno (mar e água morna), e o ácido corrosivo como algum tipo de sentimento destrutivo ali presente, possivelmente relacionado à inveja.

"Sonho que estou acariciando meu cachorro e encontro uma ferida, uma picada de inseto. A ferida vai se expandindo e toma toda a pata do cachorro. Fico muito aflita, horrorizada e levo-o ao veterinário. Quem me atende é o pai do veterinário, que não clinica mais. Acordo angustiada." (H., 37 anos)

Entendemos que o cachorro é um lado da sonhadora ou então seu objeto de amor (ela gosta muito do cachorro). H. constata uma ferida psíquica em expansão e pede auxílio a um pai (veterinário pai).

FESTA – é a representação do lado social da vida, da alegria e da interação.

"Sonhei que estava na minha cidade, do interior, e meu chefe, que nunca esteve lá, promovia uma grande festa. Além de várias outras pessoas, convidou minha prima e algumas amigas, mas proibiu que eu e minha mãe participássemos da festa como convidadas. Eu deveria estar de uniforme e com uma bandeja na mão para servir as pessoas. Era uma festa em homenagem a uma mulher, personagem de um livro que eu li. Acordei." (V., 30 anos)

Entendemos que V. está sendo proibida de participar do social e da alegria da vida (festa), podendo apenas servir os outros (posição servil na vida). Quem decide isso é um homem (chefe = dublê de autoridade/pai).

FEZES – são a representação dos conteúdos internos, de sentimentos viscerais, da produção psíquica colocada em forma bruta no mundo externo. Defecar em público é expor seus conteúdos internos aos outros. Sujar-se com as fezes é entrar em contato com seus próprios sentimentos viscerais.

"Sonho que faço bastante cocô, que se transforma em um bicho parecido com um grande rato, que corre e se esconde numa pilha de roupa de cama limpa. Corro para matá-lo. Acordo." (H., 50 anos)

Entendemos que a sonhadora está externando conteúdos viscerais (cocô) que se transformam em sentimentos pouco nobres, sujos (rato/esgoto), que ameaçam o conceito de identidade mais nobre (roupa limpa) e ela tenta reprimir (matar).

"Sonho que vou ajudar uma criança, de mais ou menos 6 anos, a empurrar um enorme cocô, que não desce, na privada. De repente, do meio dele sai uma cobra que vem me picar. Consigo segurá-la pela cabeça e jogo longe. Acordo." (N., 34 anos)

Entendemos que N. está entrando em contato com sentimentos viscerais (cocô) dos seus 6 anos de idade que não foram elaborados (descer pela privada). De repente, esses conteúdos brutos transformam-se em sentimentos mais elaborados, possivelmente ligados a maldade e más influências (picada de cobra), mas ela evita o contato.

FILHOS – costumam simbolizar uma parte do Eu do sonhador. É também a criança interior. Quando aparece no sonho e não faz parte do enredo, é geralmente marcador de época.

"Sonho que estou descendo uma rua de paralelepípedos com minha filha de 9 anos. Lá embaixo vejo que, dentro de uma casa, tem um homem com uma criança no colo que grita, agressivamente, com uma mulher. Nesse momento, minha filha não está mais comigo. Acordo." (E., 40 anos)

E. relata que as brigas entre seus pais eram comuns na sua infância. Entendemos nesse sonho que a filha é um marcador de época, pois some e não faz parte do enredo. A sonhadora está revivendo essa fase tumultuada da infância.

FIVELA – é a representação de prender ou soltar, conter ou liberar os pensamentos. Pôr uma tiara, um grampo, uma fivela nos cabelos é prender ou organizar os pensamentos.

FLORES – elemento que, na maioria das vezes, está relacionado aos sentimentos de amor, alegria, harmonia, e algumas vezes a beleza, volúpia e sensualidade. É também uma representação ligada à alma e aos mortos. "Sonho que estou chegando a uma vila toda florida. É um espetáculo de flores que me deixa encantado. Vejo alguns maços e penso em levá-los para minha mulher e minha filha. Acordo." (O., 50 anos) Entendemos que O. está entrando em contato com uma região de amor (vila florida) dentro do seu Eu e quer direcionar esse sentimento para sua mulher e sua filha (maços de flores). "Sonho que estou andando pelo pomar de minha casa da adolescência e vejo um arbusto todo florido e muito bonito. Quando chego mais perto, noto que todas as flores são pequenos seios femininos. Acordo." (O., 44 anos) Entendemos que O. entra em contato com sua adolescência em que vincula sentimentos de amor e alegria (flores) com a erotização e o acolhimento da figura feminina (flores = seios).

FLORESTA – é a representação de estar em território encoberto, difícil de enxergar dentro do próprio Eu. "Sonho que estou sobrevoando uma floresta imensa. De repente, bato de frente com uma barreira elástica. Recuo e caio em um tubo comprido, acabando na rua da casa onde morei na minha adolescência. Acordo." (N., 42 anos) Entendemos que a sonhadora está entrando em contato com todo um território encoberto do seu Eu (sobrevoando a floresta), sofre um impacto (barreira elástica) que a obriga a parar e canalizar sua atenção para as vivências da sua adolescência (tubo que desemboca na rua da casa da adolescência).

FOGÃO – é o símbolo do poder feminino materno, da mulher dona de casa, da infraestrutura do lar. "Sonho que estou na cozinha da minha casa, no interior. O fogão está aceso e, de repente, as chamas se alastram por toda a cozinha. Corro para apagar. Acordo." (M., 50 anos)

Entendemos que o sonhador está em território feminino (cozinha) e constata um transbordamento de emoções fortes (fogo) ligadas à figura materna/dona de casa (fogão).

FOGO – é um elemento com vários significados. Pode expressar as emoções fortes, ardentes e arrebatadoras das paixões e das vaidades, ser o fogo destrutivo da ira, da cólera e da inveja e, ainda, o fogo punitivo e do inferno. Pode ser o fogo do protesto, do antissocial, do incêndio como forma de protesto. É também a representação dos rituais de iniciação ou de passagem, o fogo sagrado.

"Sonho que estou dentro de uma casa que é bem ventilada, com amplas janelas, num sopé de montanha. Estou com um homem (é um ator de cinema). Saio e vejo um fogo intenso que desce a montanha e vem em direção à casa. Fico encantada, pois é muito bonito. Chega perto de mim, mas não sinto medo. Acordo." (Y., 30 anos)

Entendemos que a sonhadora está dentro de seu próprio Eu (casa), em companhia de uma figura masculina ainda encoberta (dublê = ator de cinema). Y. está prestes a entrar em contato com emoções fortes, arrebatadoras e ardentes que a encantam (fogo que encanta).

FONTE – é a representação da origem, de onde brota algo, da criatividade e pureza. A fonte da vida, do saber, da juventude. Buscar na fonte é procurar na origem.

FRUTAS – em geral, são representações ligadas ao receber, ao prazer e à sensualidade. Na maioria das vezes são carregadas de energia oral.

"Sonho que estou andando por uma rua na cidade em que nasci e vivi até os 10 anos. É a rua que passa atrás da minha casa. Vejo uma jabuticabeira carregada de frutos lindos, maduros e enormes (maiores que o normal). Sinto vontade de pegá-los, mas existe o muro entre mim e eles. Acordo." (R., 52 anos)

Entendemos que o sonhador está revivendo material de sua infância (cidade natal) e vê seus objetos de desejo (frutas modificadas = gratificações prazerosas orais), depara com um obstáculo (muro).

"Sonhei que estava olhando para uma figueira enorme (parecia uma mangueira), cheia de frutos grandes e maduros que pareciam deliciosos. Uma mulher (que não sei quem é) fala que está no momento de colhê-los. Acordo." (U., 35 anos)

Entendemos que U. está prestes a entrar em contato com algum tipo de sensação de gratificação.

FUMAÇA – é a representação do efêmero, sem forma, indefinido. É também o que sufoca e turva a visão psíquica. É o prenúncio de fortes emoções, destrutivas ou não (fogo).

"Sonho que estou num laboratório, observando as pessoas manusearem material radioativo. Vejo que a camada de gelo está derretendo e do material começa a sair uma fumaça. O alarme começa a tocar e corro desesperada para avisar do perigo. As pessoas não me dão atenção. Acordo." (S., 43 anos)

Entendemos que a sonhadora está dentro de parte do seu Eu (laboratório). Existem vivências perigosas e destrutivas (radioativas) que estavam amortecidas (envoltas em gelo). A fumaça é o indício de que elas começam a se exteriorizar produzindo pânico (alarme) na sonhadora.

GALINHA – representa o feminino maternal, cuidado com a prole. Representa também a mulher promíscua, "dá pra qualquer um".

GALO – é a representação do chefe de família, dono do terreiro. É a sexualidade masculina imposta, sem afeto.

GATO – é a representação do ambicionado, mas não possuído, o independente. Ligado aos sentimentos de volúpia, libertinagem, traição, adultério, disputa e perfídia. É também a representação do carinho interesseiro. É a luva de veludo e a garra afiada.

"Sonho que a diretora da escola onde trabalho está me mostrando a reforma do gramado, que foi aparado por uma máquina e pintado de verde-claro. De repente, vejo um gato morto, esmagado pela máquina. Em seguida, são vários gatos, todos esmagados e deixados sobre a grama. Então, já estou no gramado da casa em que morei no início da adolescência. Parece que alguns gatos ainda estão vivos. Acordo." (P., 30 anos)

Entendemos que a sonhadora está entrando em contato com sentimentos de volúpia, traição, independência etc. que foram reprimidos e amortecidos (gatos mortos e compactados) num contexto de dissimulação (grama pintada). O marcador de época é o início da adolescência e isso sugere que tais sentimentos vêm sendo reprimidos desde essa época.

GELADEIRA – representa o compartimento onde se guardam as coisas congeladas ou esfriadas. É o depósito dos conteúdos amortecidos e congelados dentro do Eu.

"Sonhei que você (terapeuta) estava na sala de minha casa e eu ia até a estante pegar uma garrafa para lhe servir uma bebida. De repente, a estante se move e mostra uma enorme câmara fria. Entro nela e vejo uma série de homens congelados. Alguns são conhecidos e outros não consigo identificar. Acho que tem mais gente, mas aí eu acordo." (M., 40 anos)

Entendemos que M., a partir de uma relação amistosa com o terapeuta, acaba por descobrir, dentro do seu Eu (atrás da estante de sua casa), seus sentimentos, suas vivências e recordações amortecidas com os homens de sua vida (homens congelados).

"Sonho que estou em minha casa (não é a real) e penso que construí uma casa tão grande e só uso a parte térrea. Desço para o porão, abro a geladeira e vejo que tinha esquecido uma série de coisas de quando meus filhos eram pequenos. Subo ao andar de cima e, na geladeira de lá, descubro que também há coisas que estavam esquecidas. Acordo." (O., 50 anos)

Entendemos que O. está dentro da representação do seu Eu (casa), desce para suas partes mais instintivas (porão), onde encontra conteúdos internos seus que estavam amortecidos (congelados e esquecidos), e sobe para sua parte mais intelectual (andar de cima), onde também encontra conteúdos amortecidos (congelados e esquecidos).

GELO/NEVE – são a representação dos sentimentos frios. Tem relação com o ódio, a indiferença e o descaso. O ódio é um amor congelado. É um elemento também ligado a sentimentos que estão excluídos e amortecidos (congelados).

"Sonho que abro uma porta e vejo meu afilhado (20 anos) deitado numa cama, congelado. Percebo pequenos cristais de gelo na ponta de seus dedos. Acordo." (N., 40 anos)

Entendemos que a sonhadora está entrando em contato com sentimentos excluídos e amortecidos em relação à figura masculina (homem congelado), provavelmente ligados aos seus 20 anos (marcador de época).

GRAVIDEZ/ESTAR GRÁVIDA(O) – na maior parte das vezes é a representação de parir sua própria criança ou parte de seu próprio Eu. É comumente entendida como amadurecimento interior, evolução psicológica. Pode também indicar um desejo de estar grávida ou um marcador de época se estiver relacionado a uma gravidez já acontecida.

"Sonho que estou grávida e aproxima-se o momento de dar à luz. Entro no banheiro, decido que eu mesma vou fazer meu parto e começo a escolher um lugar para parir. Peço para meu marido me arranjar uma toalha limpa. Tenho a sensação clara de aparar a cabeça do bebê e de estar colocando-o para fora. Estranho que é um bebê já grande, com dentinhos. Pergunto se ele já sabe falar e como quer se chamar. Ele diz que quer se chamar José. Depois, pego ele e meu outro filho (filho real) e vamos para o médico. Durante todo o tempo eu estou supercalma e segura do que estou fazendo. Acordo." (V., 30 anos)

Entendemos que a sonhadora está parindo sua identidade masculina (parir um bebê homem) e cuidando dela (levando ao médico).

GUERRA – é a representação do confronto, da turbulência, da luta entre forças antagônicas dentro do Eu, luta entre o eu e o outro.

"Sonho que estou visitando uma favela (a sonhadora trabalha nessa área) e não consigo me concentrar no trabalho. De repente, vejo dois imensos navios de guerra num grande lago. Eles estão em combate e trocam tiros. Acordo." (Z., 26 anos)

Entendemos que Z. está na posição de observadora perante uma briga (guerra), possivelmente entre duas figuras parentais carregadas de emoção (navio).

IDENTIFICAÇÃO COM PERSONAGENS – os personagens que aparecem no sonho são geralmente pessoas que fizeram ou fazem parte do mundo externo do sonhador. Podem ser modelos parentais internalizados, chamados de figuras de mundo interno, "dublês", isto é, estão no lugar de outras pessoas, ou ainda figuras representativas de sentimentos, aspirações ou temores do sonhador. São também partes do sonhador que se encontram dissociadas. Quando isso acontece, aparecem como personagens desconhecidos. À medida que os sonhos se repetem, eles vão mostrando algum tipo de elemento que as liga ao sonhador. Só nesses casos podemos ter a certeza de que o personagem em questão é mesmo uma parte do sonhador que estava dissociada.

"Sonho que estou escondido num porão escuro de uma casa, com muito medo de dois homens que, a qualquer momento, podem me descobrir. Eles estão se preparando para sair e vejo um deles (o outro é só uma presença) no banheiro penteando-se. Sinto o pente passando no meu próprio cabelo. Sei que naquela casa mataram uma pessoa. Traço uma estratégia de defesa que implica gritar como se fosse o espírito do morto para assustá-los. Dou um enorme grito e acordo gritando." (O., 70 anos)

Entendemos que O., no sonho identificado com suas partes profundas e instintivas (porão/escuro), está prestes a entrar em contato com sua parte mais consciente que estava dissociada (homem penteando-se/sente o pente em seu próprio cabelo/pensamento). Há uma figura amortecida (alguém foi morto) que possivelmente é esse seu próprio lado. O. resolve assumir um grito como se fosse o morto (identificação com a figura amortecida) para se defender.

SONHOS E SÍMBOLOS NA ANÁLISE PSICODRAMÁTICA

"Sonho que vejo um cachorro grande correndo atrás de uma moça, que sobe em uma árvore. Tenho um revólver na mão e atiro no cachorro, mas não o mato. Meu pai aparece em seguida e dá um tiro certeiro na cabeça do cachorro, matando-o. Acordo." (Y., 36 anos)

Entendemos que Y. está observando uma tentativa de contato entre suas partes mais instintivas (cachorro) e seu próprio Eu (moça). Ela assume um papel superegoico no sentido de reprimir esses impulsos (atirar no cachorro), mas quem, de verdade, os reprime violentamente é o pai (mata = amortecer o cachorro). A sonhadora está identificada com o pai como figura superegoica repressora e percebe essa vinculação ao agir como ele (atirar com revólver).

IGREJA – é a representação da religião, do superego religioso nos domínios da religião. É uma simbologia mais vinculada aos aspectos normativos da religião que aos místicos.

"Sonho que estou dentro de uma igreja esperando por minha mala (como se fosse num aeroporto). Ouço falar que o padre é um juiz. Vou até um lugar permitido e começo a fumar. Ouço uma mulher me censurar e outra que tenta dissimular, dizendo: 'Como o dia está bonito'. Acordo." (H., 45 anos)

Entendemos que a sonhadora está dentro de seu superego religioso e normativo (igreja e juiz), esperando por partes de seus conteúdos de identidade (mala). Nesse superego encontra uma região permissiva (permitido fumar), mas, mesmo lá, há censura e dissimulação.

ILHA – é a representação do separado, isolado, refúgio, desconhecido. É, muitas vezes, a representação da própria zona de exclusão.

"Sonho que estou em alto-mar, num naufrágio, com vários homens. Tenho um barco e sei que devo salvá-los, mas acho que não vou conseguir. Subo no barco, na posição de comando, e três homens sobem atrás. Olho para um lado e vejo uma ilha. Penso que posso levá-los para lá. Vejo do outro lado várias casas e resolvo levá-los para lá. Remo com grande velocidade e paro na frente de uma casa, onde tem uma mulher com uma atitude bem acolhedora. Acordo." (M., 20 anos)

Entendemos que a sonhadora (com dinâmica homossexual) está no meio de suas emoções (mar) relacionadas a figuras masculinas. Pensa em colocá-las na zona de exclusão (ilha) e depois decide levá-las para a região mais consciente do seu Eu (região habitada). Encontra um lado seu, feminino, mais acolhedor com os homens (mulher acolhedora). É um sonho de resgate da figura masculina.

INFERNO – é a representação da punição, do castigo, da dor, da desgraça. Representa também o território de influência do diabo (maldade, sexo, cobiça, inveja etc.).

"Sonho que vejo meu pai conversando com um homem vestido de vermelho e com um casaco preto, de forro vermelho. Sei que ele é o diabo e meu pai veste-se da mesma forma. Percebo que estamos numa cidade toda vermelha e cheia de gente, com casas noturnas e cabarés. É o inferno. Meu pai diz para que eu espere enquanto ele vai chamar meu marido para ficar comigo. Desço por uma ladeira de neve e encontro um homem nu. Começo a transar com ele e me surpreendo como ele está quentinho. Acordo." (R., 47 anos)

Entendemos que a sonhadora está entrando em contato com seu território psíquico identificado com a sexualidade proibida (casas noturnas, cabarés, inferno). Identifica seu pai dentro dessa influência (conversa com o diabo) e seu marido como forma repressora (tomar conta dela). Entra por uma região amortecida (ladeira de neve) e encontra uma vivência sexual prazerosa (transa/quentinho).

INUNDAÇÃO – é a expressão de um transbordamento psíquico ou emocional. Tudo fica submerso.

"Sonho que estou em uma cidade em meio a muita chuva. Inicia-se uma inundação e quero salvar minha irmã. Saímos de carro, mas a água está subindo; entramos numa rua, mas ela já está inundada; corremos

SONHOS E SÍMBOLOS NA ANÁLISE PSICODRAMÁTICA

para outra, onde a água também já subiu. O clima é de desespero. Acordo." (Y., 38 anos)

Entendemos que Y. tenta salvar a própria irmã, ou um lado seu projetado na irmã, de algum conteúdo psíquico ameaçador que está aflorando (inundação).

INVERTIDO – estar de ponta-cabeça é a representação de uma mudança radical do ponto de vista, da forma de ver as coisas. Mudança radical no conceito de identidade.

"Sonho que vejo um casal (que não conheço) sendo perseguido. O casal é pego, amarrado pelos pés e suspenso de ponta-cabeça. Aparecem duas crianças, fantasiadas de faroeste, que matam os dois com tiros de revólver." (V., 60 anos)

Entendemos que a sonhadora, na posição de observadora, percebe uma mudança radical na avaliação desse casal de seu mundo interno (pendurados de ponta-cabeça). Mas essa mudança é amortecida (morta) por símbolos idealizados do bem e da justiça (crianças fantasiadas de faroeste).

INVISÍVEL – é a representação da parte dissociada, que não pode ser vista. Material excluído. Estar invisível é estar protegido e escondido. Ver sem ser visto. Muito comum nas dinâmicas do núcleo esquizoide.

"Sonho que estou num lugar não identificado e sinto a minha presença, que se encontra invisível e separada de mim. Olho e percebo alguns vestígios de movimentação de ar. Descubro que sou eu que estou lá. Acordo." (H., 37 anos)

Entendemos que o sonhador está começando a identificar um lado seu, que até então não havia sido identificado (invisível).

JANELA – é a representação da abertura do Eu para o mundo exterior, de passagem e trocas entre o mundo interior e o exterior.

"Sonho que estou discutindo com meu pai (que já morreu) numa sala. Não quero mais obedecer às suas ordens. A parede desse cômodo é composta de pequenas janelas, que têm aberturas limitadas. De repente, no meio da discussão, a parede cai e eu vejo toda a paisagem. Acordo." (X., 40 anos) Entendemos que a sonhadora se encontra dentro da relação com seu pai (sala/cômodo) confrontando suas ordens. Constata o pouco espaço que ele lhe deu (janelas pequenas e com pouca abertura) e liberta-se dessa influência (parede cai).

JARDIM – é a expressão do belo, do amor, do idílico, do paraíso, do acolhedor e do prazeroso. É onde nascem as flores, os arbustos, as fontes, os pássaros. Muitas vezes é também a representação do feminino, da própria sexualidade e erotização femininas.

"Sonho que estou com minha avó no porão da casa dela. Saímos por um túnel que dá num jardim abandonado e rodeia toda a casa. Começamos a cuidar das flores, que revivem e vão florescendo em tons de azul, vermelho e amarelo. Encontro um tronco de árvore que tinha sido cortado. Ele estava solto e sem raiz. Minha avó diz que ele pode brotar. Tenho minhas dúvidas. Planto e ele se torna uma bela árvore, toda florida. Acordo." (Z., 26 anos) Entendemos que a sonhadora está em contato com vivências profundas (porão). A partir daí, conecta-se com um lado seu de amor, erotização e prazer que estava adormecido (jardim abandonado) e, na companhia da avó (polo afetivo), começa a revivê-lo (jardim florido). Encontra um elemento maior (toco de árvore) que tinha sido podado (castrado) e também começa a ser resgatado (árvore florida).

JOIAS – representam valores e riquezas do Eu, ligados à vaidade, principalmente feminina. É também alegria, adorno, enfeite e festa. Pode estar representando o órgão sexual feminino.

"Sonho que uma enorme onda arrebata o meu relógio. Vou procurá-lo num teatro, onde estão expostas muitas joias que a onda também tinha levado. São muito bonitas: anéis, pulseiras e colares. Fico encantada e começo a pegar algumas. Tenho vontade de pegar muitas outras, mas uma voz me adverte que as pessoas podem perceber. Vou procurar meu relógio junto dos relógios femininos, mas ele não está lá. Encontro-o junto aos relógios masculinos. Acordo." (N., 32 anos)

Entendemos que a sonhadora perde momentaneamente o contato com sua identificação com os valores masculinos (relógio masculino), retirados por um mecanismo inconsciente (onda), e entra em contato com valores femininos desejados (joias), trazidos também de forma inconsciente (onda), mas parcialmente reprimidos (voz que reprime).

JUIZ – é a representação da consciência moral, do julgamento, da decisão entre o certo e o errado.

LABIRINTO – é a representação de caminhos tortuosos dentro do Eu, caminhos cruzados, sem saída; perder-se dentro do Eu; dificuldade de chegar ao ponto desejado. Andar por caminhos tortuosos ou labirinto é andar dentro do próprio psiquismo.

"Sonho que estou numa festa, com familiares, e preciso ir buscar comida. Pego um táxi e andamos por uma rua de terra, passamos por ruas que parecem um canteiro de obra. Vou orientando o taxista por ruas tortuosas até uma baixada e uma curva. De lá já avisto uma linda estrada asfaltada que reconheço ser o meu destino. Acordo." (Q., 54 anos)

Entendemos que o sonhador está andando dentro do seu Eu (rua de terra, ruas em construção, estradas tortuosas) até descobrir seu rumo (estrada asfaltada).

LÁGRIMA/CHORO – são a representação da expressão das emoções de tristeza e dor.

"Sonhei que estava limpando uma secreção amarelada de meu olho esquerdo, quando noto que isso está acontecendo porque tem uma pedra entupindo o meu canal lacrimal e as lágrimas não podem sair. Acordo." (H., 37 anos)

Entendemos que H. está entrando em contato com um bloqueio (pedra) nas suas expressões de tristeza e dor.

VICTOR R. C. S. DIAS

LAMA/LODO – representam os sentimentos viscerais mais negativos, da escória social, da ralé, do esgoto.

"Sonho que estou num carro com várias pessoas da minha família indo para um lugar muito bonito, com lago e muitas árvores. De repente, a estrada asfaltada acaba e há um trecho com muita lama. Não quero sujar meus pés nessa lama, mas o carro entra por ela e vai sacolejando até a beira do lago. Resolvo sair e pisar na lama. Acordo." (C., 55 anos)

Entendemos que C. está constatando que para alcançar harmonia e felicidade (lugar bonito) com a família (carro com familiares) é necessário lidar também com os sentimentos mais viscerais e negativos (atravessar a lama). Apresenta certa resistência a isso (não quer pisar na lama).

LARANJA/COR DE LARANJA – é a cor da energia sexual, da sexualidade, da ambição e da liberação.

"Sonho que estou em uma sala conversando com meu pai. Estamos sentados um diante do outro. Estou num sofá e ao meu lado tem um *blazer* (casaco) escuro que vou levar embora. Meu pai está vestido com um terno muito elegante, cor de laranja bem forte, e uma gravata com listas laranja e azul-escuras. Discutimos de forma amigável a origem e a identidade de alguns escritores. Vejo a empregada de minha casa passando por trás dele com um bebê no colo. Acordo." (W., 58 anos)

Entendemos que o sonhador (de dinâmica homossexual) está entrando em contato com a identidade erotizada do modelo do pai (terno laranja).

LAREIRA – é a representação do lar, do intimidade da família, do congraçamento, do ponto de encontro. Reunir-se na lareira é ficar ao redor da fogueira.

"Sonho que estou em Campos do Jordão, SP, tomando vinho em frente à lareira. É minha lua de mel e sei que meu marido está comigo. Não consigo ver seu rosto, e fico tentando descobrir quem ele é. Acordo." (L., 29 anos)

Entendemos que a sonhadora, solteira, está entrando em contato com uma vivência de intimidade de lar (lareira) e liberação

SONHOS E SÍMBOLOS NA ANÁLISE PSICODRAMÁTICA

de alegria e desejos eróticos (vinho), com uma figura masculina desconhecida (marido que não vê o rosto).

LEÃO – é a representação do poder, do senhor, do ego, do domínio, das forças instintivas e da sexualidade ardente.

"Sonho que sou atacada por um leão. Ele pula em cima de mim, me morde e arranca um pedaço da minha barriga. Fico desesperada e com muita raiva. Olho o seu saco, pego um testículo em cada mão e bato com muita força um no outro. Ele me larga e saio em busca de um hospital. Acordo." (N., 40 anos)

Entendemos que N. recebeu, em alguma época da vida, uma carga erótica forte de uma figura masculina (leão/saco/testículos) que a submeteu (pulou em cima) e traumatizou (ferimento = ferimento psíquico). Criou uma hostilidade contra o masculino (bater testículo um contra o outro) e tenta se recuperar (procura hospital).

LEITE – é a representação do cuidado materno, além de um símbolo ligado à abundância, à fertilidade e à satisfação das carências. Pode também referir-se à dependência e à espoliação. Ser amamentado é ser cuidado e nutrido.

"Sonho que ganhei três litros de leite num concurso. Vou retirá-los numa fazenda, no caminho da casa da minha avó (época da infância). Quando chego lá, fico sabendo que o leite vem direto das vacas e não em caixinhas como no supermercado. Fico em dúvida se ele é bom ou não. Depois penso: 'Se vem direto da vaca é mais puro'. Acordo." (X., 34 anos)

Entendemos que a sonhadora está em contato com vivências de cuidado materno (leite). Fica em dúvida quanto a receber o cuidado diretamente da identificação da figura feminina (vaca) ou de uma representação mais simbólica (supermercado).

LÍNGUA – é a representação da fala, da eloquência, da comunicação. É relacionada com a calúnia (língua má, ferina).

VICTOR R. C. S. DIAS

"Sonhei que estava diante do espelho para minha higiene matinal, quando notei que minha língua estava cortada. Vejo a parte da língua cortada, esbranquiçada em cima da pia. Acordei." (Y., 52 anos)
Entendemos que Y. entrou em contato com uma amputação da sua fala e de algum tipo de comunicação (língua cortada).

LIVRO – é a representação do saber, do intelectual, da informação. Ler um livro ou um jornal é ler as informações da própria vida do sonhador. Ler jornais velhos é ler acontecimentos do passado. Às vezes, é a própria intelectualidade do sonhador.
"Vou até a casa de S. (minha amiga e comadre), que ela está doente. Não acredito muito na sua doença. Sento-me em uma poltrona e leio um livro. Não presto atenção nela e sim no livro. Depois de algum tempo começo a me incomodar, deixo o livro, vou até ela e começamos a conversar. Passo a acreditar que realmente ela está doente. Acordo." (Y., 36 anos)
Entendemos que S. é um lado "doente" de Y., que ela evita, intelectualizando-se cada vez mais (ler o livro), até que em determinado momento percebe sua posição intelectual e passa a entrar em contato (acreditar) com esse outro lado, possivelmente o afetivo.

LIXO – é a representação dos conteúdos desprezados pelo Eu, valores inferiores, desvalorizados.
"Sonho que estou andando em um depósito de lixo. São várias leiras, com espaço entre elas. De repente, caio num desses espaços, cheio de lodo e lixo. Acordo." (E., 34 anos)
Entendemos que E. está em contato com seus conteúdos desvalorizados e desprezados (lixo). Nessa região, constata também sentimentos sujos e menos nobres (lodo).

LOBO – é a representação do sentimento selvagem, devorador, destruidor, da ameaça. Significa impulso e instinto.
"Sonhei que estava em cima de uma geladeira, e no chão havia cinco lobos que tentavam me pegar. Acordei." (K., 58 anos)

Entendemos que entre o Eu consciente de K. (ele mesmo) e seus impulsos destrutivos e perversos (lobos) existe um compartimento de emoções e vivências congeladas e amortecidas ainda não aberto (geladeira). Esses conteúdos impedem o contato entre sua parte mais racional e seus impulsos.

LUA – é o que ilumina a escuridão psíquica. Ilumina a consciência. É um símbolo eminentemente feminino, ligado à mulher, ao romance. É também a simbologia da magia, do oculto, do sobrenatural e da imaginação.

LUZ – é a representação da clareza. Ilumina as ideias, a citação, o espírito, traz o conhecimento. Tira das trevas, da ignorância, do obscurantismo. É também um símbolo da transcendência. Estar iluminado é transcender. A lâmpada é a representação mais moderna, ligada à luz.

"Sonho que estou na sala da casa da minha ex-namorada e entro no lavabo. Está escuro, tento acender a luz pressionando o interruptor várias vezes, mas não adianta. Finalmente, acendo uma lanterna de bolso e vejo que está tudo sujo e desarrumado. Lembro que aquele lavabo sempre foi muito limpo e organizado. Acordo." (H., 36 anos)

Entendemos que H. está revendo a relação mais íntima (lavabo) com a família (sala) da ex-namorada. Consegue perceber (acender a luz) que essa relação era mais desorganizada e pior (desarrumado e sujo) do que percebia antes (organizado e limpo).

"Sonho que estou numa casa cujas lâmpadas não acendem. Tem um homem que quer me matar. Seguro-o pelas mãos e imobilizo-o. Arrasto-o de cômodo em cômodo, tentando acender a luz. Não consigo. Abro uma porta e vejo um casal jovem na cama. Acordo." (R., 49 anos)

Entendemos que R. está dentro de uma parte do seu Eu (casa) encoberto (lâmpadas não acendem). Entra em contato com uma figura masculina ameaçadora (quer matar). Imobiliza o agressor e por fim descobre uma relação de intimidade homem-mulher (casal na cama). Podemos inferir que a ameaça é de intimidade com homem.

MAÇÃ – simboliza a tentação, a provocação do prazer erótico, o pecado. Morder a maçã é atiçar o erotismo. "Sonho que estou na casa de N. (amiga de quando tinha 12 anos). É uma casa exótica e vejo que todas as telhas têm um desenho de maçã. Resolvemos procurar uma árvore de frutas (figo ou pêssego), mas não encontramos. Parece que estamos fazendo algo proibido. Acordo." (H., 50 anos) Entendemos que a sonhadora está revendo uma cumplicidade erótica (maçã e fruto proibido) com a grande amiga (fase homossexual de 12 anos).

MACACO – é a representação de um lado do Eu que é malandro, curioso, brincalhão, infantil, vigarista, insolente e lúbrico. Fazer macaquices é tudo isso. "Sonho que tem um sapo no meu quarto. Corro para matá-lo com uma vassoura. Vejo que ele está preso por uma corrente. Nesse momento, não é mais sapo, mas um macaquinho. Acordo." (C., 47 anos) Entendemos que a sonhadora está entrando em contato com sentimentos furtivos, sujos e pouco nobres (sapo) reprimidos (preso na corrente) dentro de sua intimidade (quarto). Quando entra em contato, eles se tornam muito menos feios, bem como malandros e insolentes (macaco).

MÃO(S) – é a representação do fazer, da iniciativa, dos meios de ação, da comunicação, dos sinais, da expressão dos sentimentos. "Sonho que vejo um homem e uma mulher bordando. Ele a manda bordar. Enquanto isso ele vai cortando sua própria mão em vários pedaços. Ele parece louco. Acordo." (Y., 30 anos) Entendemos que a sonhadora está na posição de observadora e vê uma figura masculina descontrolada (louca) destruindo sua própria iniciativa (mutila a própria mão) diante da figura feminina (mulher e bordado).

MAR – pode ter vários significados, como forças do inconsciente, aquilo que está submerso, o que está no fundo, o que está encoberto. Representa também a figura feminina original, a grande mãe que gera a vida, a mãe. Expressa também o mundo das emoções.

"Sonho que estou na varanda da minha casa de praia e noto que as ondas estão ficando mais fortes. De repente, percebo uma onda gigante que vai ficando cada vez maior. Ela entra na casa carregando tudo. Eu me seguro num poste de ferro fincado no centro da sala (esse poste não existe de verdade). Acordo." (N., 38 anos)

Entendemos que N. entra em contato com uma série de vivências que estavam inconscientes (onda gigante) e levam embora as crenças e verdades postiças (mobília e coisas) do seu Eu (casa). Ela permanece centrada no seu verdadeiro Eu (poste de ferro).

MARCADOR DE ÉPOCA – como mencionado anteriormente, grande parte dos sonhos de segunda zona de exclusão traz em seu enredo um elemento que chama a atenção do sonhador, mas não faz parte do enredo. Sua função é a de informar a época ou a fase da vida em que esse material foi depositado na zona de exclusão. Nem todos os sonhos apresentam marcador de época. O sonho a seguir é um exemplo típico.

"Sonho que minha filha T. morreu. Leio o jornal e lá está escrito que T., de 17 anos, tinha sido morta. Sinto muita angústia. Sei que estou em um prédio muito alto. Vejo T. voando do lado de fora. Ela quer que eu a acompanhe para procurar quem a matou. Saio voando com ela à procura de quem a matou e acordo." (U., 34 anos)

Entendemos que o cabeçalho do jornal (T., de 17 anos) não faz parte do enredo do sonho, mas chama a atenção do sonhador. Portanto, é um marcador de época e informa que é um sonho ligado às dinâmicas dos 17 anos do sonhador. Entendemos assim que T. está representando um lado que foi dissociado de U. ao redor dessa idade. Na pesquisa do sonho, U. recorda-se de que, nessa idade, passou uma fase difícil de sua vida, na qual ingeriu drogas e fez um aborto.

MARGINAIS – é a representação do lado marginal de cada um, dos sentimentos perversos e imorais. Muitas vezes representa o lado carente e necessitado (mendigo).

"Sonho que estou num restaurante. De repente, vejo um cachorro rosnando para mim. Ele é de um mendigo que está por perto e sei que é um assalto. Entrego minha pasta para o cachorro que a leva para o mendigo. Digo que preciso de um pouco de dinheiro de volta para pagar meu almoço. Ele pega a carteira, olha o dinheiro, mas não me dá. Depois diz que quer o rádio do meu carro e também almoçar na minha casa. Acordo." (N., 28 anos)

Entendemos que N. está entrando em contato com uma parte sua ou de alguma figura de seu mundo interno, carente e marginal (mendigo), que está carregada de cobiça (quer o que é dele).

MARROM – é a cor da introversão, do retraimento. É também ligada aos impulsos e à própria terra.

MÁSCARA – é a representação do disfarce, da aparência, da dissimulação. A máscara do carnaval, do teatro, dos mortos. É um instrumento de transformação do personagem. A máscara esconde e ao mesmo tempo revela o próprio Eu.

"Sonho que estou numa sala com várias pessoas (que não conheço). Todas, inclusive eu, passaram por uma cirurgia plástica no rosto, que está bem esticado. A aparência delas é muito jovem. Ouço uma voz que diz que agora as plásticas seriam desfeitas para que todos pudessem se conhecer tal como são. Acordo muito assustada." (V., 64 anos)

Entendemos que a sonhadora está prestes a entrar em contato (um cara a cara) consigo mesma e com os que a rodeiam (desfazer a plástica).

MASTURBAÇÃO – é a representação de se dar prazer sexual, intimidade sexual consigo mesmo.

"Sonho que estou na casa de meus pais (12 anos) reunida com toda a família – pai, mãe e irmãos. Sinto uma vontade imensa de me masturbar. Começo a me masturbar na presença de todos, que não me dão atenção.

Não consigo gozar e vou ficando desesperada. Fico imaginando um pênis de menino; depois, os de vários homens para me excitar, inclusive o de um homem negro que passa. Vou para o banheiro e assim mesmo não consigo gozar. Acordo muito excitada." (N., 42 anos)

Entendemos que N. está revendo vivências de início de adolescência e não consegue dar prazer sexual a si mesma (masturbação). Não consegue se fixar num objeto de prazer que lhe dê sintonia (vários homens, inclusive o anverso deles = homem negro).

MEL – é a representação da doçura, do carinho, do cuidado e da meiguice. É também ligado à cura das doenças. É a doçura que cura o enfermo psíquico.

"Sonho que estou olhando um quintal por um buraco no muro, em forma de janela. Vejo minha cachorrinha, e sua vasilha de comida está cheia de mel. Uma vaca vai em direção à vasilha para lamber o mel. Fico muito aflita, e com um pedaço de pau puxo a vasilha e pego o mel. Acordo." (E., 42 anos)

Entendemos que E. está na posição de observadora e percebe que a cota de carinho e meiguice (mel) que era dirigida para uma parte dela (cachorra) está ameaçada por outra figura (vaca = competidora). Interfere no sonho e assume esse carinho para si (puxa e pega o mel).

MENSTRUAÇÃO – é a representação do tornar-se mulher. Muitas vezes aparece como marcador de época.

"Sonho que andava com amigas no bairro onde morava. Chovia muito e eu estava menstruada. De repente, o sangue começa a escorrer pelas minhas pernas. Peço emprestado a uma delas o plástico que ela usa na cabeça para se proteger da chuva. Ela não empresta. Vou ficando cada vez mais exposta e envergonhada. Muito envergonhada. Acordo." (D., 31 anos)

Entendemos que a sonhadora está revivendo, com muita emoção (chuva), toda a vergonha que sentiu ao ver-se exposta como mulher (menstruação escorrendo pelas pernas). Tenta al-

VICTOR R. C. S. DIAS

gum tipo de contenção mental (plástico que a amiga usa na cabeça), mas não consegue.

MORANGO – representa o prazer, o sensual.
"Sonho que estou brincando no jardim com meu irmão. Vejo estátuas de santos, do tamanho de anões de jardim, que se encontram engaioladas. Sei que precisamos sair dali, mas primeiro vamos comer alguma coisa. Peço e recebo uma enorme taça de morangos com creme, que também é vermelho. Como com enorme desejo e prazer. Nesse momento, meu irmão vira meu primo S. Acordo." (U., 40 anos)

Entendemos que U. está revendo brincadeiras de infância num local idílico (jardim), porém tem sentimentos e vivências petrificadas e contidas (imagens de santos presos). Fora dessa repressão, entra em contato com o prazer e o desejo sexual (morangos). Nesse momento, surge o primo S. com quem a cliente lembra ter tido jogos sexuais.

MORCEGO – é a representação do mistério, do medo, das trevas, da maldade e da inveja. É o ser maldito e assustador.
"Sonho que vem um morcego na minha direção e me morde o pescoço. Procuro proteção no meu namorado. Acordo." (U., 40 anos)

Entendemos que U. entra em contato com sentimentos maus, ameaçadores e misteriosos (mordida do morcego) e procura amparo numa figura masculina (homossexual). Pelo contexto de U., entendemos que esses sentimentos estão ligados à figura feminina.

MORTOS/MORTE – o significado mais comum ligado a figuras mortas ou mortos, no sonho, é o de representar vivências ou lembranças amortecidas com essas pessoas ou simplesmente conteúdos amortecidos no psiquismo do sonhador. O morto-vivo é a representação de vivências amortecidas que estão voltando a estar "vivas".
"Sonhei que passava por uma catraca e entrava em uma sala. Lá, havia um caixão com o corpo de uma mulher morta. Noto que ela tem uma pele

174

bem alva na lateral do pescoço. Nesse momento ela se levanta do caixão e eu acordo." (O., 70 anos)

Entendemos que O., após passar por uma região controlada do seu Eu (catraca), entra em contato com lembranças de vivências amortecidas com uma figura feminina, que começam a reviver (levanta do caixão). Nos sonhos subsequentes, aparece uma série de lembranças ligadas à mãe de O.

"Sonhei que entrava em um salão meio escuro com uma lona preta no centro. Levantei a lona e vi muitos mortos. Acordei." (Z., 38 anos)

Entendemos que Z. entra em uma região de seu Eu pouco conhecida (escuro) e descobre uma série de lembranças e vivências amortecidas (mortos).

Algumas vezes, a morte aparece com o significado de separação de uma figura de mundo interno do sonhador. Faz parte do processo de individuação.

"Sonhei que matava um homem e o colocava dentro de um saco. Depois, jogava-o para fora de uma espécie de estrada de ferro. Lembro que tinha trilhos e eu o jogava pra fora. Acordei angustiada." (U., 19 anos)

No dia seguinte, U. teve o seguinte sonho:

"Sonhei que via o meu pai muito doente e que ele ia morrer".

Entendemos nesses dois sonhos que U. está se separando do seu "pai internalizado", já que seu pai real está bem de saúde e não apresenta nenhum conteúdo ligado à morte.

"Sonhei que via um caixão e minha mãe tinha morrido. Estava muito triste e chorava muito. Acordei chorando." (H., 31 anos)

Entendemos que a sonhadora está se separando de sua mãe internalizada. A mãe real está viva e com saúde.

MONTANHA – expressa algo grande, um projeto importante, a progressão psíquica. Subir a montanha é conquistar, evoluir, vencer um obstáculo, ir ao encontro de um objetivo. O pico da montanha é o cume, perto do céu, é a transcendência, o místico, a finalização do projeto.

"Sonhei que estava com uma amiga e ela guiava um carro potente. Íamos a algum lugar, mas a rua era uma enorme montanha, muito alta e íngreme. Pensei que o carro fosse tombar. Ela engatou uma marcha mais potente e o carro subiu bem devagar. Conseguimos chegar lá em cima. Acordei." (Z., 36 anos)

Entendemos que a sonhadora está em contato com um lado seu mais poderoso e persistente (amiga com carro potente) e consegue vencer um obstáculo da sua vida psíquica (sobe a montanha).

MOTOCICLETA – é a representação da força instintiva, da potência sexual e agressiva. Também representa autonomia de locomoção, liberdade das normas, sentimento impulsivo.

"Sonho que estou aprendendo a pilotar uma grande motocicleta. Dou partida e vou andando com muita calma, experimentando os controles. Tem alguém ao meu lado, que vai me ensinando. Acordo." (M., 50 anos)

Entendemos que o sonhador está aprendendo a controlar sua parte mais instintiva e impulsiva (controlar a motocicleta).

"Sonho que estou montado numa grande motocicleta, mas cada vez que vou dar a arrancada surge um homem na frente que me impede. Vou ficando irritado e grito com ele. Acordo." (H., 34 anos)

Entendemos que o sonhador está em contato com toda sua parte de impulsos e desejo de libertação (motocicleta), mas é impedido, contido, por uma figura masculina (homem que surge na frente). Começa a reagir (grita com ele).

MURO/CERCA/PAREDE/MURALHA – representam limites, obstáculos, separação entre duas realidades ou situações, proteção, fronteira. Dependendo da dinâmica do sonho, elas têm o significado de sufocamento, opressão.

"Sonho que eu, minha mãe, meu pai e minha tia estamos em uma bonita casa, com piscina e jardim. Tem um terreno baldio, na parte dos fundos, e um grande muro, com três portões trancados com ferrolhos, faz a divisa entre a casa e o terreno. Surge um mendigo, preto, de aproximadamente 30 anos. Damos comida, mas ele começa a paquerar minha tia e tenta entrar pelos portões. Ficamos indignados e reforçamos ainda mais os ferrolhos dos portões. Ele insiste. Pensamos em chamar a polícia, mas achamos que não vai adiantar. Resolvo então que o melhor é matá-lo. Acordo." (H., 34 anos)

Entendemos que o sonhador está entrando em contato com dois lados do seu Eu. O lado consciente e idealizado (casa bonita) e o lado menos nobre, excluído (terreno baldio). Identificamos uma separação, bem definida (muro), entre ambos e mecanismos de contenção e repressão (portões com ferrolhos). Surge seu lado encoberto e incestuoso (preto paquerando a tia). Reforça a repressão (ferrolhos), tenta apelar para as normas (polícia) e finalmente decide amortecer esse lado (matar).

MUTILAÇÃO – é a representação da mutilação ou castração psíquica ou emocional. Tirar a potência sexual, afetiva, de iniciativa, de autonomia, de pensar etc.

"Sonhei que estava no meu quarto, na casa de meus pais, mexendo no prepúcio do meu pênis e esperando minha namorada para irmos a um restaurante. De repente, minha mãe entra no meu quarto e corta o prepúcio com uma tesoura. Fico indignado e reclamo que ela não pode fazer isso sem a minha autorização. Ela não responde. Vou até meu pai e conto o acontecido, dizendo que assim não vou poder ir ao encontro com minha namorada, mas ele diz que ela é assim mesmo e que preciso ter paciência com ela. Vou para uma sala. Minha família toda está lá, reunida. Reclamo indignado do acontecido, mas não vejo nenhuma reação. Decido ir assim mesmo encontrar minha namorada, mas descubro que não sei qual é o restaurante do encontro. Tenho a sensação de que ela está junto com outro homem. Acordo." (H., 36 anos)

Entendemos que H. constata um impedimento por parte da mãe (mutilação do prepúcio = impotência) no sentido de ligar-se a outra mulher (namorada), bem como não encontra respaldo nem no pai nem na família. Fica perdido (não acha o restaurante) e ameaçado por um rival (ela está com outro homem).

NADAR/MERGULHAR – são a representação de entrar em contato com a emoção, os sentimentos, mergulhar nas profundezas do próprio Eu emocional. Muitas vezes é entrar em contato com o feminino (água = feminino).

"Sonhei que estava participando de um mergulho durante uma operação militar. Era um mergulho em águas geladas que tinha como objetivo resgatar uma peça de metal que estava no fundo do mar. Mergulho de olhos fechados. Acordo." (H., 31 anos)

Entendemos que o sonhador está em processo de resgatar uma parte do seu Eu, que está numa região de sentimentos congelados (água gelada/gelo), bem como de emoções endurecidas (peça metálica) e ligada a ambientes de rigidez (operação militar).

NARIZ – é a representação do discernimento intuitivo, o farejar algo. Também se liga aos sentimentos de orgulho e de pretensão.

NASCIMENTO – é a representação de vir para fora, descobrir-se, renovar-se. Nascer um lado de si mesmo, uma nova percepção de si e do outro.

"Sonho que minha calça tem uma grande abertura na região da vagina e na parte interna das coxas. Pego um bebê (da creche em que N. trabalha) e passo-o por dentro desse buraco. Em seguida, fecho o zíper. Vejo novamente o bebê e abro o zíper. Vejo que tem água, parece líquido de parto, e passo o bebê novamente. Em seguida, passo eu mesma pelo buraco e sei que passam outras pessoas. Vou parar numa montanha e começo a reconhecer, surpresa, objetos de várias pessoas. Começo a ver e a recolher joias lindas, uma mais bonita que a outra. Acordo." (N., 34 anos)

Entendemos que N. está renascendo (parte sua, bebê, ela mesma e pessoas que a rodeiam) de seu conceito de identidade (roupa/calça = identidade) e começa a reconhecer características das pessoas (objetos das pessoas) e a descobrir valores, vaidades, sexualidade dela mesma (joias).

NEBLINA/CERRAÇÃO/NEVOEIRO – tem um significado semelhante ao de estar em território pouco conhecido dentro do Eu, onde não se enxerga direito, apenas se vislumbra algo, nebuloso e indefinido.

SONHOS E SÍMBOLOS NA ANÁLISE PSICODRAMÁTICA

"Sonho que estou subindo por uma escarpa, árida, sem vegetação. Não consigo ver o topo que está coberto por muita neblina. De repente, surge um vulto vestido com uma túnica branca, que estende a mão para me ajudar. Acordo." (N., 52 anos)

Entendemos que a sonhadora está tentando sair de uma região de carência do seu Eu (escarpa árida) e encaminhando-se para uma região desconhecida (neblina). Encontra uma ajuda, apenas identificada com pureza (vulto de branco).

NUDEZ/ESTAR NU – na maioria das vezes significa estar exposto ao mundo ou de si mesmo. Revelar seus segredos.

"Sonho que estou andando em uma grande avenida cheia de gente e noto horrorizado que estou nu. Fico tentando me esconder atrás de postes, de reentrâncias de paredes, atrás dos carros etc. Embora ninguém me note, fico muito apreensivo e acordo." (E., 43 anos)

Entendemos que o sonhador se dá conta de estar se sentindo exposto ao mundo (nudez = sensação de exposição).

"Sonho que estou em uma recepção, na época da faculdade. Estou com mais ou menos 21 anos. Aparece uma moça da minha idade, ela está nua. Ela me convida a tirar a roupa, e eu o faço. Passamos a circular entre as pessoas em atitude de provocação, para chocar. Um homem (que já apareceu em vários sonhos anteriores) fica indignado e pede que coloquemos as roupas. Algumas pessoas dissimulam como se não estivessem vendo e outras não se incomodam. Ao mesmo tempo que tenho a sensação de estar chocando e agredindo as pessoas com a minha nudez sinto-me extremamente marginalizada e envergonhada. Acordo". (O., 48 anos)

Entendemos que O. está revendo vivências de 21 anos (marcador de época), ao entrar em contato com um lado seu rebelde (moça nua que convida). São vivências de expor conteúdos antissociais com a intenção de chocar (nudez no ambiente social) e receber censura (homem indignado) ou indiferença (pessoas que não ligam) e de ter sentimentos conflitantes de poder, de agredir e ser agredida e marginalizada.

Outras vezes a nudez total ou parcial tem um significado de perda de identidade, de não saber como se apresentar. A nudez vergonhosa liga-se à inadequação. A nudez tranquila liga-se ao comportamento espontâneo.

"Sonho que estou em uma grande recepção, onde todos estão muito bem-vestidos. Eu também estou de terno e gravata, mas de repente noto que esqueci de colocar as calças. Fico muito aflito e tento me esconder. Acordo suando frio." (V., 38 anos)

Entendemos que o sonhador sente-se inseguro num ambiente social da vida (recepção) e possivelmente pouco homem em sua identidade (falta a calça).

NUVENS – quando brancas e soltas, estão relacionadas à leveza, à fantasia e à inconsequência. Estar com a cabeça nas nuvens significa ser sonhador. Quando negras e pesadas, relacionam-se com opressão e ameaça.

ÓCULOS – são a representação do enxergar por intermédio de alguma coisa, ver através de algo. Expressam a visão assistida. Os óculos ajudam, corrigem, clareiam a visão, mas também podem dificultar, distorcer, impedir, turvar a própria visão. Dependem do contexto em que estão inseridos no sonho.

"Sonho que minha mãe me dá uma porção de óculos (mais de dez) para que eu os use. São vários tipos e a maior parte é colorida. Digo a ela que não quero usar esses óculos. Passo a selecionar e rejeitar os que não quero. Censuro minha mãe por ter gasto dinheiro para comprar esses óculos e acordo." (Q., 20 anos)

Entendemos que Q. entra em contato com uma interferência de sua mãe na forma como ele vê a vida (ela o presenteia com óculos sem consultá-lo). Quer que ele veja a vida sob o ponto de vista dela. Q. estabelece um confronto (rejeita alguns óculos) e censura a iniciativa invasora dela (gastou dinheiro e energia à toa).

OLHO – é a representação do espelho da alma, expressa as ordens interiores. É o olhar que vê, controla, revela, reconhece, estabelece contato, vigia, censura, acolhe, cobiça, inveja (olho gordo) etc.

"Sonhei que estava sendo submetido a uma cirurgia plástica no rosto. Meu pai me operava e tinha uma mulher, que não identifico, junto com ele. Vejo meu rosto todo dissecado e penso: 'Agora não dá mais para parar'. De repente, vejo meu pai fazer um grande corte horizontal, abrangendo os dois olhos. Mas esse corte é no rosto dele e não no meu. Parece que ele está operando os olhos dele, mas o paciente sou eu. Acordo." (U., 40 anos)

Entendemos que o sonhador está num processo de reparação (cirurgia plástica), de consertar sua expressão (rosto) e a forma de ver o mundo (olhos). Nesse momento se dá conta de que seu modo de ver o mundo (seus olhos) mistura-se com o do seu pai (olhos do pai).

ONDAS – indicam algo que brota da inércia e das profundezas do mar; sentimentos, pulsões e forças do inconsciente que brotam subitamente e vêm em direção ao Eu do sonhador.

"Sonho que estou na casa de praia (mas não é a verdadeira) com a minha família. Olho para o mar e penso que vai vir uma onda. Nesse instante começa a surgir uma onda imensa (30 metros). Uma verdadeira muralha de água. Penso que a praia não vai dar conta, que a casa vai ser atingida, e é o que acontece. Acho que é melhor ir para o segundo andar e vejo a água tomar conta de todo o primeiro andar. Olho pela janela e vejo o carro de meu pai totalmente destruído. Outro carro (da mesma marca que o do meu ex-namorado) tinha batido nele. Acordo." (Y., 32 anos)

Entendemos que Y. observa a erupção de seus sentimentos violentos e profundos (onda imensa), que invadem o seu Eu (casa). Refugia-se no seu campo mental (segundo andar) e está dissociada (não relata angústia). Olha para o resultado final, que é um confronto entre dois homens (carro do ex-namorado *versus* carro do pai) no qual a imagem do pai acaba sendo muito danificada (carro destroçado).

ÓRGÃOS INTERNOS – representam as sensações cenestésicas. Também são a sede psicológica das emoções. Retirar os órgãos é o mesmo que retirar as emoções e as sensações, é amortecer.

"Sonho que vou operar o N. (autoridade importante) que está com as veias do coração obstruídas. Vejo seu coração e as veias entupidas. Faço algum tipo de procedimento e sei que elas foram desentupidas. De repente, ouço um barulho, como um helicóptero, e sei que ele corre o risco de ter uma trombose cerebral. O material que estava entupindo as veias do coração pode entupir as veias do cérebro. Acordo sobressaltado e com o coração disparado." (H., 36 anos)

Entendemos que H. está desbloqueando as emoções (desentupindo as veias do coração/coração = sede de emoções) de um lado seu (N.). Sente uma grande ameaça de conscientizar o resultado dessa liberação (vir para o cérebro e entupir).

"Sonho que estou de frente para um homem (desconhecido) muito bem-vestido, quando noto que por baixo da roupa seu corpo é como uma casca, pois não tem nenhum órgão interno. Acordo." (E., 40 anos)

Entendemos que E. está constatando que sua relação com a figura masculina está desprovida de sentimentos e sensações (esvaziamento dos órgãos internos), está resumida à fachada e às aparências (muito bem-vestido roupa = identidade).

ORGIA/BORDEL – são a representação da permissividade sexual, ilusão do prazer sexual total, luxúria, devassidão, descarga de todos os instintos, perda do racional e da moral.

"Sonho que estou num local onde está montada uma série de banheiros com portas de vidro. Existem muitos artistas, homens e mulheres. Todos são bonitos e estão interessados em transar com todo mundo. É tudo muito erótico, parece uma orgia. Vejo uma mulher escolhendo transar com o marido de outra, enquanto alguns homens querem transar com a mulher dele. De repente, estou com dois homens me abraçando e beijando. Acordo." (N., 25 anos)

Entendemos que a sonhadora está em contato com sentimentos de luxúria e permissividade sexual (orgia), primeiro como observadora e depois como participante (beijada por dois homens).

OUVIDO – é a representação de assimilar, aprender, escutar os ensinamentos. Quem não aprende tem orelhas grandes (burro).

"Sonhei que estava limpando meu ouvido esquerdo onde havia uma série de cascas, parecendo cascas de ovos quebrados. Sei que o outro ouvido já está limpo. Quando termino o esquerdo, começo a puxar uma enorme tira de pano que estava dentro do ouvido direito. Acordo". (O., 50 anos)

Entendemos que O. termina algum tipo de limpeza (cascas de ovos) do ouvido para então tirar o outro bloqueio (pano) e assim desbloquear a capacidade de ouvir o outro, de aprender.

OVOS – juntos com a ideia de alimento, são também a representação de fertilidade, nascimento, surgimento de conteúdos internos, vida nova.

Sonho que estou segurando um enorme ovo. De repente começam a surgir algumas formas, movimentando-se dentro dele. Fico horrorizada e entrego para alguém que está ao meu lado. Acordo." (P., 45 anos)

Entendemos que a sonhadora está entrando em contato com conteúdos internos que ameaçam aparecer (formas dentro do ovo).

PACOTE/EMBRULHAR/EMPACOTAR – são a representação de ocultar, encobrir, esconder os conteúdos internos. Colocar num pacote é colocar fora da vista.

"Sonho que estou na sessão de psicoterapia e recebo um grande pacote. Abro-o e encontro três gatinhos, que abraço emocionado. Cada um deles é de uma cor, um deles é cor-de-rosa. Acordo." (M., 37 anos)

Entendemos que o sonhador está entrando em contato com conteúdos emocionais encobertos (pacote), por ação da psicoterapia (na sessão de psicoterapia). São sentimentos ternos (gatinhos/filhotes) e amorosos (cor-de-rosa).

PALCO – é a representação da própria vida, é ver-se na vida, é ver a vida. É o local onde se expõe, onde se mostra. Também é a representação do faz de conta, da vida de fantasia.

"Sonho que estou no teatro. No palco está uma cantora que eu admiro muito. Antes de começar a cantar, ela olha para mim e faz um gesto de cumplicidade, que eu respondo com outro gesto. Aí ela começa a cantar. Acordo". (N., 40 anos)

Entendemos que a sonhadora estabelece contato (gesto de cumplicidade) com um de seus ídolos (ela tinha muita vontade de ser cantora) num contexto de faz de conta (palco).

PÂNTANO – simboliza a imobilidade, o sombrio, a situação sem saída, sem chão. É também o contato com os sentimentos viscerais inconscientes.

"Sonho que estou sobre um pântano, com água verde, muito lodo e sujeira. Tem algumas casas esparsas. Eu ando em cima de colchões bem finos, que andam como barcos. Vou até uma das casas, onde encontro algumas pessoas e minha sobrinha de 10 anos. Vou para outra, e vejo minha filha de 7 anos. De repente, eu me dou conta de que estou sobre essa água imunda e cheia de lodo. Pergunto a alguém se ali é muito fundo. A pessoa responde que se eu afundar ali não saio nunca mais. Levo um grande susto e acordo". (S., 42 anos)

Entendemos que a sonhadora está se deslocando sobre um grande reservatório de sentimentos viscerais e conteúdos depressivos ligados a vivências de sua vida (10 e 7 anos). Fica assustada com a possibilidade de entrar em contato com elas (afundar no pântano).

PÃO – é a representação do alimento básico, da necessidade básica, do compartilhar. Também ligado a abundância.

PÉ – expressa a base sobre si mesmo, identidade de base. Ter os pés no chão é ter contato com a realidade. Deixar a marca dos pés é a trajetória da vida. Pode ter também uma conotação sexual, pedólatra.

"Sonho que olho para meus pés e vejo que um deles é um pé de mulher, mas não é o meu, e o outro é um pé peludo de algum tipo de bicho. Acordo". (N., 40 anos)

A sonhadora está entrando em contato com sua identidade de base (pés) em que se vê apoiada em um pé feminino, que não é o seu, e outro peludo (instintivo), que também não é o seu. Esse sonho sugere que sua identidade de base está apoiada em pai (pé peludo) e mãe (pé feminino).

PEIXE – é a representação de um animal psíquico, símbolo do masculino e do sexual masculino. Representa também as ideias submersas do inconsciente. São verdades espirituais que precisam ser pescadas para vir à tona.

"Sonho que estou à beira de um rio, quando vejo algo se aproximando. Percebo que é um enorme peixe. De repente, ele vai se transformando em um homem. Fujo apavorada. Acordo." (Y., 29 anos)

Entendemos que Y. está entrando em contato com uma sexualidade masculina que ainda a apavora.

PELOS – representam a vida instintiva, a sexualidade. Os pelos pubianos indicam a virilidade masculina, as sexualidades masculina e feminina.

"Sonho que estou com minha amiga Z. Estamos nuas, vestidas apenas com uma camiseta. Olho para meus pelos pubianos e vejo que eles estão crescendo, formando cachos. Puxo a camiseta para escondê-los e depois levanto para mostrá-los. Sinto um misto de vergonha e travessura. Acordo." (N., 46 anos)

Entendemos que a sonhadora está se dando conta de um aumento e amadurecimento da sua sexualidade (pelos pubianos crescendo e formando cachos).

PELVE – representa a parte do corpo ligada aos sentimentos viscerais, aos instintos e aos impulsos sexuais.

"Sonho que estou em um lugar desconhecido, com pessoas desconhecidas. Parece um bar. De repente, percebo que minha pelve está pegando fogo. As pessoas apagam o fogo, mas logo em seguida surgem novas labaredas e focos de fogo. Acordo". (Y., 30 anos)

Entendemos que a sonhadora está entrando novamente em contato com seus instintos e impulsos sexuais (fogo e pelve) que já foram reprimidos (apagados) anteriormente.

PÊNIS – é a representação da identidade genital do homem, da sexualidade masculina, do ser homem, da potência masculina.

"Sonho que estou diante de uma mulher, que não identifico. Vejo meu pênis ensanguentado e culpo-a pelo meu machucado. Ela responde que aquilo não é nada grave e nem fica preocupada. Acordo." (H., 40 anos)

Entendemos que H. está culpando uma figura feminina de ter agredido ou lesado sua masculinidade (machucou o pênis) e ela dá pouca importância ao fato.

PENTEADO – é a representação de interferência nos pensamentos. Pentear os cabelos é organizar os pensamentos. Prender o cabelo é prender o pensamento, fazer a cabeça. Soltar os cabelos é estar livre para pensar. O pente é um instrumento de interferência nos pensamentos.

"Sonho que sou adolescente e estou numa cabeleireira. Ela puxa e prende meu cabelo para trás, com muita força. Fica tão apertado que até dói. Acordo." (S., 29 anos)

Entendemos que a sonhadora está entrando em contato com repressão mental (cabelo apertado) na sua fase de adolescência.

PERFUME – é a representação de identidade erótica feminina. É também ligado a vaidade, sedução, atração, tanto para homem como para mulher.

"Sonho que estou numa loja de perfumes com minha amiga. Quero comprar um perfume, sei que é caro, mas é o que quero. Sei que vai me agradar. Minha amiga fica olhando cremes e xampus enquanto eu experimento vários perfumes. Não gosto de nenhum deles pois, ou o cheiro é muito forte, ou não me agrada. Resolvo procurar em outro balcão aquele que me agrada. Acordo". (T., 27 anos)

Entendemos que a sonhadora está buscando uma parte de sua identidade erótica feminina (perfume). Enquanto um lado seu (amiga) vai procurar por elementos femininos não eróticos (xampus e cremes), ela vai direto ao componente mais erotizado e de sedução (perfume).

PERNAS – são a representação da locomoção, da autonomia de poder ir e vir. Amputar a perna é paralisar a locomoção, tirar a autonomia.

"Sonho que estou doente e é preciso amputar as pernas, no meio da canela. Fico muito nervosa ao ver as pernas amputadas. As pessoas tentam me acalmar e me consolar. De repente, me dou conta da gravidade do fato e fico revoltada dizendo que não vou mais poder dançar, andar, fazer minhas coisas, viajar etc. Acordo muito angustiada." (Z., 24 anos)

Entendemos que Z. está entrando em contato com toda uma educação que lhe tirou a autonomia (amputou a perna), apesar de dizerem o contrário (tentam acalmar e consolar).

PERSONAGENS FIGURATIVOS/FIGURAS SIMBÓLICAS – representam, na maioria das vezes, sentimentos, aspirações ou mesmo conjuntos de sentimentos encarnados nessas figuras. As mais comuns são: bruxas, príncipes, diabos, anjos, personagens de histórias etc.

"Sonhei que estava lutando com uma mulher que era a rainha má da história da Branca de Neve (estava vestida como no filme). Ela tentava me dominar e comecei a reagir. Nesse momento ela se transforma num morcego, voa até longe e volta num voo rasante para me atacar. Pego o morcego e, apesar do nojo, esmago-o com a mão até ele desaparecer. Acordo". (P., 30 anos)

Entendemos que P. está lutando contra uma parte sua caracterizada por sentimentos menos nobres (rainha má e morcego) e consegue reprimi-los (esmagar até desaparecer).

"Sonho que estou em uma sala sem porta e com um corredor na lateral. Começo a escutar os passos de alguém se aproximando, andando com uma bengala (toc... toc... toc... toc...). Vou sentindo cada vez mais medo, até que entra pela porta uma mulher muito velha e feia vestida de preto. É uma bruxa. Tem grandes verrugas no rosto, um nariz comprido e adunco, e está com os olhos tampados por dois pedaços de gaze. Vem lentamente em minha direção e vai estendendo sua mão esquálida para me cumprimentar. Estou apavorada e acordo com o coração disparado." (Z., 47 anos)

Entendemos que a sonhadora está prestes a entrar em contato com todo um lado seu de sentimentos negativos (bruxa), principalmente inveja (olhos tampados = olho gordo).

"Sonho que estou no meu quarto (não é o verdadeiro) e vejo entrar, por baixo da porta, uma fumaça multicolorida. Dessa fumaça surge uma mulher velha, toda de preto, com um capuz preto e um alfanje brilhante na mão. Ela me explica que devo matar todas as pessoas da casa e também da rua. Acordo." (G., 36 anos)

Entendemos nesse sonho que a figura é o personagem estereotipado da morte. O sonhador está entrando em contato com uma série de sentimentos positivos (fumaça multicolorida) que se transformaram em sentimentos hostis (agredir e matar as pessoas). É a transformação de amor em ódio.

PESCOÇO – é a representação da ligação mente-corpo. É a passagem que liga o pensar com o sentir, ou o sentir com o pensar. É a comunicação da alma com o corpo. Cortar o pescoço é interromper essa ligação, dissociar.

"Sonho que estou olhando no espelho e vejo abrir uma fenda no meu pescoço. O sangue começa a jorrar num jato forte, que tento segurar. Acordo." (S., 32 anos)

Entendemos que a sonhadora está percebendo uma dissociação entre o sentir (corpo) e o pensar (cabeça), quando identifica que na ligação (pescoço) está perdendo energia vital (sangue jorrando).

PISCINA – é a representação do feminino, do ser e sentir-se feminino, conteúdos femininos, acolhimento da mulher. Entrar na piscina é envolver-se no feminino tanto sensual como erótico ou acolhedor.

SONHOS E SÍMBOLOS NA ANÁLISE PSICODRAMÁTICA

"Sonho que estou vindo com meu carro e caio dentro de uma piscina cheia de água e coberta com muitas folhas podres. De repente, uma *drag queen* se levanta bruscamente de dentro da piscina. Levo um grande susto e acordo." (Q., 32 anos)

Entendemos que Q. entra em contato com um lado feminino adormecido (piscina com folhas podres) e descobre assustada que este lado está mal identificado (*drag queen*/andrógino).

POÇO – é a representação das profundezas do inconsciente, do interior, é a própria zona de exclusão. Algumas vezes está relacionado também à abundância e outras, ao próprio inferno.

"Sonho que estou atravessando uma rua com um amigo da adolescência. Vejo um grupo de homens cavando a rua. De repente, eu estou com uma cavadeira, fazendo um buraco redondo que vai ficando cada vez mais fundo. Começa a aparecer água lá no fundo e vejo meu rosto refletido na água. Percebo que é um poço e a água começa a subir. Sinto certa apreensão e a água vai inundando o poço: é tanta água que sai para fora e começa a encher uma piscina. No momento seguinte estou escorregando, brincando e nadando nessa água. Acordo". (O., 20 anos)

Entendemos que O. está revendo vivências da adolescência e consegue estabelecer contato com seu interior (buraco/ poço) de onde sai uma abundância de sentimentos que estavam reprimidos (água no fundo do poço) e alimentam vivências femininas e alegres (brincar na piscina).

PODRE – é a representação de conteúdos internos que deterioraram e não servem mais, necessitam de renovação. Espremer o pus é pôr para fora conteúdos que já deterioraram.

"Sonho que começo a espremer uma espinha no meu rosto (sonhador tem fobia ligada a espinhas). Sai um tubo de pus amarelo. É bem grande (como uma pomada sendo espremida de um tubo) e vai até o chão. Fico aliviado. Acordo". (Q., 22 anos)

Entendemos que Q. está pondo para fora conteúdos já deteriorados e com isso limpando seu próprio Eu.

POLÍCIA – representa as normas, as regras, a lei, é o superego. Chamar o policial é chamar o superego, recorrer às normas. Muitas vezes é também a representação do tomar consciência de algo, chamar pelo Eu consciente, o guia, o instrutor. O militar, o segurança, o delegado etc. têm o mesmo significado.

"Sonho que estou saindo e vejo meu pai sentado na direção de um carro de polícia (pai não é policial). Em seguida vejo-o no outro canto da rua, urinando e rindo de maneira debochada. Entro no carro de polícia e vou embora. No meio do caminho resolvo voltar para reprovar a atitude dele, mas caio em uma valeta. Acordo." (Y., 28 anos)

Entendemos que Y. vê seu pai como uma figura superegoica (na direção do carro de polícia). Depois o vê numa atitude transgressora e debochada (urinando na rua). Y. assume o papel superegoico (entra no carro de polícia), mas quando quer confrontar o pai em relação aos seus valores morais não consegue (cai numa valeta).

POMBA – é a representação da pureza, do amor platônico, da paz, do espírito de luz.

"Sonho que estou na casa de meus avós (infância). Vejo um pombo cinza e ficamos amigos. De repente, um cachorro que estava no quintal ataca o pombo, e numa só mordida mata-o. Fico arrasado. Acordo." (H., 29 anos)

Entendemos que H. está entrando em contato com uma série de sentimentos puros e ternos (pombo) de sua infância (casa da avó) que foram amortecidos (morto) pela sua parte mais instintiva e agressiva (cão).

PONTE – representa uma passagem da vida, ou a passagem de uma fase da vida para outra. O real significado é o de atravessar a ponte, ou seja, atravessar essa passagem.

"Sonho que estou com uma amiga, mas ela está muito diferente da realidade. Está loira, exuberante e muito produzida. Vamos atravessar uma ponte e ela está dirigindo o carro. Porém, verifico que a ponte só tem começo e fim, mas não tem o meio. Acordo." (N., 44 anos)

Entendemos nesse sonho que N. está com um lado seu idealizado (amiga loira, produzida e exuberante) e vai passar por uma fase de sua vida que foi vivida de forma incompleta (começo e fim da ponte sem o meio).

"Sonho que volto para uma casa em que morei com minha família dos 13 aos 17 anos. Ela está igual, mas vejo que agora há um subsolo (que de verdade nunca existiu). Entro nele e vejo armários e mais armários muito bem-feitos, cheios de roupas usadas, mas limpas e empilhadas de forma metódica e perfeita. Descubro que são para ser vendidas, mas não me conformo com o preço absurdo que pedem por elas. Acordo." (H., 40 anos)

Entendemos que, ao rever uma parte de sua adolescência, H. descobre toda uma estrutura de identidade familiar organizada e obsessiva (armários com roupas/identidade) no porão (região que estava encoberta) e choca-se com a supervalorização que a família dá ao dinheiro (preço absurdo).

PORÃO – é a representação do subterrâneo, do profundo, do inconsciente do sonhador. É onde se encontram os conteúdos psíquicos escondidos, recalcados, excluídos da consciência. É também o lugar dos sentimentos viscerais e dos impulsos.

"Sonho que estou no quarto de meu apartamento e minha mãe também está lá. De repente, ela se vira e sai por uma porta que, na realidade, não existe. Vou até a porta e vejo que ela dá para um local escuro. Acordo." (U., 38 anos)

Entendemos que U. está em seu mundo interno mais íntimo (quarto) com a mãe e ela vai para uma região afetiva ou de vivências que ela conhece, mas é desconhecida para ele (porta inexistente e escuro).

"Sonho que estou diante de uma porta cuja maçaneta está cheia de minúsculos cães. São muito nojentos. De repente, eles começam a cair. Pego na maçaneta e abro a porta. Acordo." (C., 55 anos)

Entendemos que C. está abrindo um compartimento de seu mundo interno (porta) que estava impedido por sensações ligadas a aversão e nojo (cães/guardas nojentos).

PORTA – representa a passagem entre o mundo interno e o externo ou entre os diversos compartimentos do próprio mundo interno. "Sonho que estou com 7 anos de idade, junto com D. (uma amiga real dessa época) e outra menina que desconheço. É um lugar claro e ensolarado. Atravessamos uma ponte, mas D. cai dentro da água. Sobramos eu e a menina, mas agora temos 15 anos. Olho para a frente e o fim da ponte é o início de um caminho que entra em um bosque escuro e úmido. Acordo."

Entendemos esse sonho como uma passagem entre os 7 e os 15 anos em que a sonhadora perdeu um lado seu (D. cai da ponte). É a passagem de uma infância alegre (claro e ensolarado) para uma adolescência triste (escuro e úmido).

"Sonhei que estava diante de uma porta imensa, de madeira clara, que ocupava quase toda a parede. Do outro lado havia uma multidão de pessoas. A porta estava trancada com barras de ferro e com tiras de madeira pregadas na diagonal. De repente, surge um homem ao meu lado, com um grande machado, e eu lhe peço que tenha paciência e me dê um tempo que vou abrir a porta. Porém, ele não espera. Dá uma machadada na porta e ela cai. Acordo". (N., 45 anos)

Entendemos nesse sonho que N. está muito fechada (porta com travessas) para seus contatos com o mundo externo (multidão) e insegura de abrir-se (pede tempo e paciência). A figura masculina ou é uma pessoa da vida de N., ou o seu próprio lado de energia masculina que funciona como instrumento de abertura dela para o mundo externo (derruba a porta/barreira).

POSIÇÃO DO SONHADOR – o sonhador pode ocupar duas posições no sonho. A primeira é quando ele interage com os elementos. Nesse caso, o sonhador pode interagir com os personagens, com os símbolos ou consigo mesmo. A segunda é quando ele ocupa a posição de observador. Nesse caso, ele observa a interação existente entre os personagens, entre os símbolos ou entre ambos. A posição de observador nos indica que o sonhador afastou-se do conteúdo do sonho, evitando um compromisso, mesmo no sonho de maior envolvimento afetivo. Entendemos, assim, que a posição de observador é uma posição de evitação.

"Sonho que estou vendo dois amigos meus, o E. e o M., na piscina da casa da minha avó. De repente, já estamos dentro de casa e vejo que eles estão numa grande luta. E. tem uma metralhadora, do tipo do Rambo, e M. tem uma faca. É uma luta forte e estou observando. Quando vejo a metralhadora de E. sinto uma certa tontura. Finalmente M. enfia a faca no topo da cabeça de E. e ele morre. Acordo." (Q., 20 anos)

Q. diz que nem M. nem E. estiveram na casa de sua avó. Entendemos na decodificação que tanto M. quanto E. representam lados de Q. e sua postura de observador é a de quem ainda não conseguiu tomar posição em relação a nenhum dos lados. Quando Q. "sente tontura" ao ver a arma de E., entendemos isso como uma defesa conversiva dentro do sonho (Q. sai da posição de observador e envolve-se na trama). Imediatamente M. vence E. atingindo-o na cabeça e matando-o (amortecendo os pensamentos). Entendemos que a luta que ocorre pode ser entre uma parte mais instintiva de Q. (E. com a metralhadora) e outra mais repressora (M. com a faca).

PRETO – é a cor das trevas, da repressão e da censura, é o sofrimento, o luto, o mistério impenetrável. É ainda o luxo, o distinto, o chique sensual, o clássico, o sóbrio.

"Sonho que estou vestida toda de preto, com uma espécie de capa. De repente, noto que por debaixo da capa minhas roupas são de um vermelho bem vivo. Acordo". (Y., 37 anos)

Entendemos, nesse sonho, que Y. se reconhece com identidade (roupa) mais contida, com as suas emoções mais reprimidas (capa preta). Por debaixo, porém, começa a se descobrir com emoções mais vivas e intensas (vermelho vivo).

"Sonhei que estava no *closet* da minha casa (mas não é o verdadeiro) me vestindo. O *closet* era iluminado por apenas uma lâmpada e eu estava de: frente para o espelho. Me vestia toda de preto e com muito esmero. Punha meias pretas muito finas, calcinha e sutiã pretos e depois um vestido preto liso, com uma barra dourada. Prendia o cabelo e colocava joias douradas. Finalmente colocava uma capa com gola alta preta, com detalhes em dourado. Estava chiquérrima. Tinha um homem me esperando com uma *van* enorme e me levava até um grande salão de festas. Enquanto eu estava com a capa, as pessoas não conseguiam me ver, mas eu tinha muita vontade de tirá-la e ser vista e admirada. Na entrada do salão, tiro a capa e acordo." (H., 37 anos)

Entendemos nesse sonho que H. está entrando em contato com uma parte da sua identidade (roupas) com características de luxo, distinção, sensualidade e desejo de ser vista e admirada (toda a roupa preta é sensual e muito luxuosa) que até então ela vinha evitando (capa preta).

"Sonho que estou na minha casa de praia (quando tinha 16 anos) e encontro meu pai. Fico apreensiva de ele aprontar alguma coisa (pai bebia muito na época). Entro em um banheiro e constato, surpresa, que está tudo pintado de preto. Até a lâmpada está pintada de preto. Acordo." (A., 29 anos)

Entendemos que a sonhadora está revendo vivências de sua adolescência e entra em contato com um clima de ameaça (pai que apronta). Entra em contato com a repressão (tudo pintado de preto) da sua intimidade (banheiro). É reprimida a ponto de não poder ver o que ocorre (lâmpada pintada de preto).

PRÍNCIPE/PRINCESA – representam o sonho de ser especial, a idealização da beleza, do amor, do herói, da juventude, a aspiração.

PRISÃO – é a representação de estar preso dentro de si mesmo, introversão, contenção.

"Sonho que estou atravessando uma ponte bem estreita onde só cabe uma pessoa. Olho para um lado e vejo pousada uma ave preta, bem grande, com uma faixa rosa. No outro lado da ponte vejo meu marido. Vou até lá e, na volta, ele vem atrás de mim. Agora a ave está numa grande gaiola e tem um ramo de árvore fazendo sombra para ela. Acordo." (N., 60 anos)

SONHOS E SÍMBOLOS NA ANÁLISE PSICODRAMÁTICA

Entendemos que essa ave é um lado de N. que ficou preso (ave na gaiola) e protegido (sombra da árvore) após a relação com o marido, possivelmente o casamento (atravessar ponte = mudança de fase de vida).

PÚRPURA/ROXO – é a cor da inspiração, da liderança e do respeito.

QUARTO – é a representação da intimidade afetiva do sonhador. É onde se pode estar a sós e guardar suas coisas.

"Sonho que estou num quarto todo bagunçado. Meus pais estão comigo, mas não os vejo. De repente, surgem várias aranhas e eu as mato. Em seguida, começam a surgir cobras, todas com o bote armado. Pego uma espécie de lança-chamas e também as mato. Acordo." (H., 34 anos)

Entendemos que o sonhador está em contato com sua intimidade afetiva (quarto) e sob influência dos pais (presença). Começa a identificar elementos de sexualidade feminina (aranhas) e de sexualidade masculina ou de traição (cobras, bote da cobra). Defende-se matando-as (amortecendo/destruindo).

RAIO/RELÂMPAGO/TROVÃO – são a representação da raiva punidora/da punição. São o poder mágico e destruidor do divino. São elementos também ligados à descarga da energia sexual.

RAPOSA – simboliza astúcia, esperteza, tirar vantagem, roubo, enganar o outro, o encoberto. Representa também a sedução sexual para obter vantagem.

RATO – é um animal do esgoto, do subterrâneo, do lixo. Na maioria das vezes representa sentimentos viscerais e antissociais como traição, "fazer por trás", o furtivo, a mesquinhez, o roubo, sexo sujo etc.

"Sonhei que estava na minha casa (não a minha verdadeira) e as paredes estavam cheias de ratos. Eles estavam dispostos em filas muito bem-arrumadas, vivos, imóveis e de olhos bem abertos. Eu tinha uma sensação de tensão e de expectativa, pois sabia que a qualquer momento eles poderiam sair correndo em debandada para todas as direções. Acordei sobressaltada". (E., 48 anos)

Entendemos nesse sonho que E. está entrando em contato com uma série de sentimentos viscerais e pouco nobres (ratos) dentro do seu próprio Eu (casa) que estão sendo controlados por uma defesa obsessiva (filas de ratos muito arrumadas). Mas E. pressente que a qualquer momento pode perder o controle sobre eles (ratos em debandada).

RELAÇÃO SEXUAL – é a representação da própria relação sexual ou de cargas eróticas que foram sentidas; estabelecer contato erotizado.

"Sonho que estou tendo relação sexual com uma mulher e penetrando-a. Na hora de ejacular lembro que não posso, ela é minha irmã. Acordo." (M., 37 anos)

Entendemos que o sonhador (homossexual) está identificando uma carga erotizada (relação sexual) com a irmã.

REPRESA – tem normalmente um significado de sentimentos represados, contidos.

"Sonho que estou vendo uma represa em um monitor de TV. De repente, as comportas começam a se abrir e a água sai livremente. É como se fosse uma sequência de comportas que vão se abrindo e dando passagem para a água. Acordo." (U., 38 anos)

Entendemos que, embora U. esteja ainda dissociado (assistindo pelo monitor de TV), teve início um processo de liberação de sentimentos contidos (comportas se abrindo e água correndo).

REPRESSÃO – o mecanismo da repressão pode vir representado nos sonhos como repressão do pensamento, dos sentimentos ou dos impulsos, conforme aquilo que está sendo reprimida.

"Sonho que estou no alto de um prédio que tem um elevador de plataforma do lado de fora. Um homem (que já apareceu no sonho anterior), sádico, diz que devo entrar no elevador e que, quando chegar em determinado ponto, vou sofrer uma lobotomia, esquecer o que aconteceu antes e só lembrar da lobotomia e do que acontecer depois." (V., 60 anos)

Entendemos que esse elevador é uma dimensão temporal e que em determinado ponto da descida (numa fase da vida) a sonhadora sofreu um processo repressivo (lobotomia) para "esquecer" algum acontecimento da fase anterior.

"Sonho que estou vendo uma mulher muito bonita (no sonho é a mulher do meu primo, mas fisicamente não é ela) se trocando. Fico muito excitado e peço que ela fique comigo. Ela não liga para o meu pedido e continua a se trocar. Entro num banheiro, e de um cesto de roupa suja sai um rato. Mato-o a marteladas e noto a presença de X. (empregada da época da adolescência). Acordo." (S., 42 anos)

Entendemos que o sonhador está revivendo sentimentos eróticos com uma mulher não identificada (dublê) da época de sua adolescência (empregada = marcador de época), e que sentimentos menos nobres, furtivos e do esgoto (rato que vem da roupa suja), vividos na intimidade (banheiro), foram reprimidos (marteladas).

REVÓLVER – como todas as armas, o revólver e as armas de fogo têm um significado de potência sexual e/ou agressiva, independentemente de estarem sendo usadas para defesa ou para ataque.

"Sonho que estou sendo atacado e atiro com um revólver, mas as balas saem em câmera lenta e se depositam próximo aos meus pés. Acordo." (N., 47 anos)

Entendemos que N. tem dificuldades em expressar toda a sua potência agressiva ou sexual.

RIO – é a representação do curso da vida do sonhador. Ir para a margem oposta, atravessar o rio, é atravessar alguma etapa da vida.

"Sonho que estou descendo por um rio, tipo esgoto, com mais dois colegas da adolescência. Paramos numa ponte destruída, e logo estamos em cima dela. Os dois pulam por uma brecha entre a ponte e a margem do rio. Quando chega a minha vez, não consigo pular. Vejo os dois entrando em outro rio, mais limpo, e sei que vou continuar neste, todo sujo. Acordo." (P., 50 anos)

Entendemos que o sonhador está revendo o curso marginal da sua vida (rio de esgoto) e identificando a época da adolescência (colegas da adolescência). Identifica que algo seu ficou retido nessa etapa (não conseguiu atravessar o rio), sendo a causa da sua marginalidade (rio sujo) em vez de uma vida mais correta (rio limpo).

ROSA/COR-DE-ROSA – é a cor do amor e dos sentimentos ternos.

"Sonho que estava com meu ex-marido num lugar amplo. Víamos uma árvore cheia de flores cor-de-rosa. Estamos num clima afetivo bom e vamos tirar uma foto da árvore quando percebemos que ela algumas vezes está perto e outras, longe. Começamos a andar para chegar até ela por um caminho com barro. Quando chegamos ao suposto lugar, não encontramos a árvore. Acordo." (N., 50 anos)

Entendemos que N. está revendo a história do seu casamento e identifica que não conseguiram fixar (foto) sua relação de amor (árvore rosa), que foge a todo momento (longe/perto). Na tentativa de alcançar essa relação, vão entrando em contato com sentimentos viscerais (barro) e acabam perdendo o contato com ela (árvore sumiu/amor acabou).

"Sonho que estou dentro de uma casa escura e preciso arrumar os móveis. Tem um armário cor-de-rosa que se destaca e está iluminado. Sei que quem iria trazê-lo é meu tio, e penso que realmente eu posso contar com ele. Acordo." (O., 42 anos)

Entendemos que O. está reformulando suas referências internas (mudando os móveis da casa), mas essas mudanças ainda estão pouco definidas (escuro). A parte ligada aos sentimentos de amor está bem identificada (armário cor-de-rosa) e relacionada a seu tio.

ROUPAS – é como a pessoa apresenta-se na vida, como ela aparece, o que ela põe sobre si mesma para relacionar-se e ser na vida. Dessa forma, o significado das roupas fica ligado ao conceito de identidade do indivíduo. Identidade social.

SONHOS E SÍMBOLOS NA ANÁLISE PSICODRAMÁTICA

"Sonho que estou com meu pai. Estou usando uma camisa xadrez, de padrão quadriculado grande, como as de que o meu pai gosta. Comento com alguém que não gosto desse padrão, que gostaria de ter uma camisa xadrez com um quadriculado menor. Acordo." (T., 28 anos)

Entendemos que T. está se identificando com traços do pai (usa a mesma camisa que ele), mas deseja mudar isso (xadrez com quadriculado menor).

"Sonho que levo um vestido preto, comprido, que não uso mais, para a costureira reformar. Ela dá várias sugestões, mas eu não aprovo nenhuma. Digo que quero uma calça com cinto. Ela discute e diz que não é possível. Sugiro trazer mais tecido, mas ela argumenta que vai ficar feio misturar tecido novo com o velho. Peço então que ela faça uma calça de cintura reta. Acordo." (T., 28 anos)

Entendemos que a sonhadora está em pleno processo de transformação de sua identidade feminina (reforma do vestido) e encontra certa resistência de um lado seu superegoico (costureira). Finalmente, chega a um acordo e determina a reforma possível (calça feminina reta) e não a reforma idealizada (calça feminina com cinto). A sonhadora foi criada sob uma influência religiosa, em que era proibido mulher usar calça.

"Sonho que entro em um quarto e parece-me que estou de bermuda e camiseta. Vejo um vestido preto, curto e de alças. Coloco-o. Tento e consigo tirar a camiseta que ficou por baixo do vestido. Minha mãe chega e diz que agora só falta uma maquiagem, uma espécie de ruge, mas eu rejeito. Acordo." (U., 38 anos)

Entendemos que U. (homem) está entrando em contato com uma parte de sua identidade feminina (vestido). Não aceita quando essa identificação fica ligada à mãe (rejeita a interferência dela).

"Sonho que estou na 5ª série e saio para comprar roupas. Recebo um uniforme cáqui, estilo militar chinês, todo fechado. Acordo." (U., 42 anos)

Entendemos que U. está revendo vivências de repressão (roupa fechada estilo militar chinês) sobre sua identidade ao redor dos 12 anos (5ª série).

VICTOR R. C. S. DIAS

RUMO/TOMAR UM RUMO – é a representação de achar uma direção dentro do próprio psiquismo, achar uma referência.

"Sonho que estou num subterrâneo e o teto parece de gelo ou vidro transparente. Vejo passadas de alguém muito pesado lá em cima e vou seguindo na mesma direção aqui embaixo. De repente, vejo uma série de setas com indicações de rumo no chão. Uma delas indica: 'Em frente, o Polo Norte magnético da Terra'. Nesse momento, percebo que já estou ao ar livre e fora do subterrâneo. Acordo". (O., 53 anos)

Entendemos que o sonhador está dividido, com uma parte sua na esfera mais profunda do seu Eu (subterrâneo) e seguindo uma referência mais superficial (passadas em cima), quando descobre uma referência mais verdadeira (seta de direção). Então torna-se uno (já está na superfície e orientado).

"Sonho que desço correndo uma grande ladeira, junto com pessoas que não identifico, e vamos pegar um ônibus no ponto final. De repente, vejo uma rua transversal, à direita, e sei que o ônibus vai passar por ali. Penso que poderia pegá-lo nessa rua quando, imediatamente, alguém verbaliza, em voz alta, o meu pensamento: 'Vamos, então, para esta rua'. Acordo." (Y., 37 anos)

Entendemos que a sonhadora está descendo no tempo (ladeira) para retomar um rumo de sua vida (tomar o ônibus) e percebe que pode achá-lo mais perto (rua lateral).

SANGUE – é a representação da força vital/sentimentos de paixão e cólera. Muitas vezes o sangrar é o sofrimento da alma e do Eu.

"Sonho que estou no cemitério, perto do túmulo de meu tio. Está ameaçando uma tempestade. Quando começa a chuva, percebo que é uma chuva de sangue. Acordo." (M., 38 anos)

Entendemos que a sonhadora está entrando em contato com sentimentos amortecidos (cemitério) em relação ao seu tio (túmulo do tio). Percebe uma ameaça de turbulência emocional (tempestade) e entra em contato com sentimentos e sofrimento (sangue).

SONHOS E SÍMBOLOS NA ANÁLISE PSICODRAMÁTICA

SAPATO/SANDÁLIA – comumente símbolos sexuais. São também uma referência de identidade basal, tomar contato com o chão, firmar-se no chão, na realidade. Estão ainda ligados ao sentimento de posse, tomar posse.

"Sonho que estou arrumando uma sapateira onde se encontram muitos sapatos. Separo vários que não servem mais. Escolho os que vão permanecer, em especial um vermelho com tiras largas. Acordo." (C., 58 anos)
Entendemos que a sonhadora está revendo valores de identidade de base (sapatos). Escolhe um deles, com forte apelo de emoção (sapato vermelho).

"Sonho que estou numa reunião de negócios com várias outras mulheres. Estou ativa e participante. Quando chegam vários homens, sinto-me retraída e calada. Quando eles vão embora, olho para os meus pés e vejo que estou com sandálias velhas, descoladas, feias e inadequadas. Acordo."
Entendemos que a sonhadora entra em contato com uma falha de identidade sexual (sandálias inadequadas) quando está diante dos homens.

SAPO – é a representação da feiura, da inferioridade, do desajeitado, da feitiçaria, luxúria. O príncipe que virou sapo é o castigo merecido. É também o símbolo do demônio, das bruxas.

"Sonho que estou em uma casa que não conheço e vejo muitos sapos, de vários tamanhos, que se afastaram da lagoa. Fico preocupado que possam ser machucados por alguém e tento tocá-los para a lagoa. Vejo um sapo velho, com a perna quebrada, desajeitado e sinto ternura por ele. Acordo." (Q., 45 anos)
Entendemos que Q. está entrando em contato com sentimentos de inferioridade, falta de jeito, feiura etc. (sapos), que afloraram do mundo interno (lagoa) para seu Eu (casa). Identifica-se afetivamente com um deles (sapo velho com a perna quebrada). (O cliente está com problemas nas pernas.)

SEIOS – representam a feminilidade. Estão ligados à maternidade, ao acolhimento, à proteção, à suavidade e à nutrição.

"Sonho que estou no meu quarto e vou ser submetida a uma avaliação que consiste em mostrar meus seios para a X. (orientadora de sua tese). Estou ansiosa. Ela entra e senta-se na beira da cama. Levanto a blusa e mostro meus seios, inclusive a cicatriz da cirurgia plástica. Sinto que foi muito mais fácil do que eu imaginava. Acordo". (T., 28 anos)

Entendemos que T. está se submetendo a uma avaliação do seu lado feminino (mostrar os seios) para uma autoridade feminina (orientadora) e sente que foi aprovada (mais fácil do que pensava). Ela tem vergonha da pequena cicatriz que ficou de uma cirurgia plástica a que foi submetida nos seios.

"Sonho que tenho um filho (a sonhadora não tem filhos) e preciso amamentá-lo, mas quem começa a mamar no meu seio é N. (empregada da casa da sonhadora). Acho estranho e constrangedor, mas sei que essa é a forma. Tenho de amamentá-la para poder amamentá-lo. Acordo." (Z., 22 anos)

Entendemos que a sonhadora está entrando em contato com um mecanismo em que ela cuida (amamenta) dos outros (empregada), quando a intenção é cuidar de si mesma (amamentar seu filho = cuidar de si mesma).

SEXO/MUDANÇA DE SEXO – é a representação da energia sexual masculina ou feminina; é o modelo masculino ou feminino, *anima* ou *animus*. A relação sexual no sonho muitas vezes visa estabelecer o contato com o lado da identidade sexual feminino ou masculino, é a busca da complementação da identidade sexual. Muitas vezes é a representação de uma montagem em que o masculino e o feminino estão fundidos em uma só figura, mulher com pênis, homem com seios ou vagina em que o desdobramento é uma mulher e um homem.

"Sonho que estou brincando com meu pênis. De repente descubro, embaixo dele, uma pequena vagina. Fico horrorizado. Acordo." (E., 38 anos)

Entendemos que o sonhador está entrando em contato com seus aspectos sexuais femininos (vagina).

SOL – é a representação do chefe, do Deus, do rei, do senhor. É uma simbologia preferencialmente masculina. É a fonte de luz, da energia criadora, da autoridade e do intelecto. Significa acolhimento, proteção.

"Sonho que estava tomando sol, protegido por uma espécie de rede. Acho que devia passar mais protetor solar, mas minha mãe surge e diz que não há necessidade. Acordo." (U., 40 anos)

Entendemos que o sonhador (com dinâmica sexual ligada à figura masculina) está em contato com energia masculina (sol). Acha que precisa diminuir essa influência (passar mais protetor solar), mas sua mãe o autoriza a ficar mais homem (tomar mais sol).

SÓTÃO – expressa o local de exclusão dos conteúdos conscientes do sonhador. Lugar onde se guardam as lembranças conscientes, que devem ser esquecidas. É uma instância mental, "arquivo morto".

"Sonho que minha amiga K. pede para eu pegar sua agenda que ela havia esquecido no sótão. Subo, procuro e acho sua agenda. Acordo." (N., 28 anos)

Entendemos que o sonhador está retirando lembranças (agenda) ligadas a uma figura feminina (amiga = dublê) que estavam excluídas (no sótão).

SUBIR/ESCALAR – são a representação de alcançar algo, vencer obstáculos, progresso psíquico e material, ascensão. Subir na vida. Subir na montanha é vencer um obstáculo.

"Sonho que estou subindo com muita dificuldade uma montanha escarpada e árida. Vou me agarrando nas pedras e percebo que estou com sapatos de salto, que me dificultam ainda mais. Consigo chegar lá em cima e vejo uma casa bonita, com muita vegetação. Está tendo uma festa. Acordo." (N., 48 anos)

Entendemos que a sonhadora está revivendo um processo de ascensão, de vencer obstáculo (subir), de uma região árida do seu

Eu (montanha árida e com pedras) para um lugar com mais afeto (casa bonita e vegetação) e social (festa). Sua escalada é dificultada por ser mulher (sapato de salto).

SUBMARINO – é a representação de algo submerso, conteúdos submersos no inconsciente. Pode ser também comparado a algum tipo de vivência uterina.

"Sonho que estou num submarino com meu pai e minha mãe no fundo do mar. Acordo." (Y., 34 anos)

Entendemos que Y. entra em contato com vivências encobertas (submarino) relacionadas aos três.

"Sonho que vejo um submarino encalhado no fundo do mar. Acordo." (V., 64 anos)

Entendemos que V. está entrando em contato com conteúdos que não conseguem vir à tona do psiquismo.

SUBMERSO – estar submerso representa estar no fundo do psiquismo, longe do consciente, estar no inconsciente. Trazer à tona algo que estava submerso é resgatar conteúdos excluídos para a consciência.

"Sonho que estou mergulhando num lago escuro. Vejo uma escada submersa, que vai até o fundo. Lá encontro uma ostra, com uma pérola dentro, e pego-a. Fico encantada. À medida que volto, vou recolhendo pequenas caixas de joias grudadas na escada. Na superfície vejo dois quartos. Sei que um deles é o meu quarto e vejo minhas coisas lá dentro. O outro é sóbrio, tem livros, uma escrivaninha e documentos financeiros. Coloco as joias no segundo, mas penso: `Vou levá-las para o meu quarto e juntar tudo'. Acordo." (O., 20 anos)

Entendemos que a sonhadora está mergulhando nos seus sentimentos (lago) menos conhecidos (escuro). Segue uma trilha já trabalhada (escada submersa) e resgata valores femininos e sexuais (pérola/joias) excluídos. A consequência disso é a identificação de dois lados do seu Eu (dois quartos). Um é o seu Eu conhecido (quarto dela) e o outro é o lado excluído (outro quarto). Inicia o processo de integração (juntar o conteúdo dos dois quartos).

SUGADO – ser sugado é a representação de perder a identidade, ser absorvido pelo outro ou pelo mundo, ameaça à existência. Está ligado ao mecanismo de absorção do esquizoide.

"Sonho que estou numa plataforma em algum lugar subterrâneo com dois homens e uma mulher. Ao lado existe uma espécie de piscina vazia com uma boca de cano grande no fundo. De repente, um dos homens desaparece e sei que ele foi sugado pelo cano. Fico desesperado e impotente. Vejo, então, o outro sendo sugado. Em seguida vejo duas crianças pequenas, de uns 4 anos, brincando na frente do cano. Sei que elas correm perigo. Me agarro a uma barra de ferro e com a outra mão seguro as crianças para salvá-las. Acordo assustado." (L., 39 anos)

Entendemos que o sonhador está no interior do seu Eu (subterrâneo) com sensações de perda de identidade (homens sugados). Retoma vivências de 4 anos de idade (crianças de 4 anos) e tenta a reparação (segurar as crianças) apoiado numa estrutura mais sólida do seu Eu (barra de ferro).

SUTIÃ – é a representação da identidade feminina.

"Sonho que vejo meu marido e minha terapeuta namorando. Saio correndo, desesperada, sentindo muita dor. Estou na rua quando percebo que estou só de sutiã, sem a blusa. Fico envergonhada e tento me proteger com os braços. Acordo." (X., 36 anos)

Entendemos que a sonhadora projeta uma situação triangular (marido/pai, terapeuta/mãe) em que se sente excluída (dor) e com sua identidade feminina exposta (sutiã) de maneira ruim (envergonhada).

TELEFONE – expressa o significado de estabelecer algum tipo de ligação, a possibilidade de ligação ou de contatar alguém do seu próprio mundo interno.

"Sonho que sou uma grande atriz. Há uma equipe em via de fazer um filme. Temos de ficar numa grande casa, num estúdio, e não podemos sair de lá. Recebo um celular para falar lá fora, mas noto que o número não é o do meu celular. Estou lá dentro quando me lembro de que não tenho quem vá pegar meu filho, de 5 anos, na escola. Tento ligar para minha mãe e para minha amiga, mas não consigo. Uma série de números vem à minha cabeça, mas não sei mais qual é o número verdadeiro. Fico muito aflita e vejo, impotente, a perua escolar chegar na minha casa e não ter ninguém para receber o menino. Percebo que o motorista também não quer continuar com ele. Constato que aquela casa não é a minha, mas a casa da minha mãe, quando eu era pequena. Digo que vou sair do estúdio para pegar meu filho. Acordo angustiada." (H., 37 anos)

Entendemos que H. está constatando uma dificuldade de ligação entre a fantasia, na qual ela é o centro das atenções e da importância (estúdio/filme/atriz), e a realidade, em que ela está desprotegida e abandonada (filho sem substitutos de mãe e sem casa para ser recebido). Ela não consegue fazer a ligação entre o mundo da fantasia e o da realidade (celular não liga/falta o código/número). A casa da infância é um marcador de época.

TEMPESTADE – é a representação do tumulto emocional, transtorno psicológico, humor carregado.

"Sonho que estou numa sala com minha filha. Percebo que está se armando uma enorme tempestade. Vou para um canto da sala e abraço-a para protegê-la. Tenho medo de que alguma parede desmorone. Acordo." (N., 50 anos)

Entendemos que o sonhador está entrando em contato com uma forte turbulência emocional que se aproxima (tempestade). Tenta proteger a si mesmo (filha é um lado do sonhador). Tem medo de que parte de suas crenças se desfaça (parede que desmorona).

TERREMOTO – é uma representação de um abalo psíquico, um abalo no conjunto de crenças, no conceito de identidade. Muitas vezes, é sinal de início de transformação do indivíduo.

"Sonho que estou dormindo no meu apartamento e sou acordada por um terremoto. Fico desesperada e vou ao quarto dos meus pais mas não encontro ninguém. Vou ao quarto do meu irmão e também não vejo ninguém. Acordo assustada". (Z., 37 anos)

Entendemos que Z. é pega de surpresa (dormindo ou amortecida) por um abalo nas suas crenças (terremoto) e não encontra apoio ou referência no seu mundo interno (familiares).

TETO – é a representação do mental, da cabeça, da fantasia e também da consciência do sonhador.

"Sonho que estou deitado na cama e vejo no teto uma mulher muito bonita. Lentamente, ela começa a baixar e chega à cama. Mantemos uma relação sexual muito agradável. Acordo." (O., 50 anos)

Entendemos que O. transa com a mulher idealizada e fantasiada (mulher no teto) e com isso chega mais perto da realidade. A mulher da fantasia (teto) desce para a realidade (cama).

TIGRE – é a representação dos impulsos bestiais, do poder e da ferocidade implacável. Fascina e apavora ao mesmo tempo. Onças, leopardos e panteras têm o mesmo significado.

Z., *26 anos:* "Sonho que estou frente a frente com um tigre e começo a lutar com ele. Em dado momento, percebo que não vou conseguir vencê-lo e ele me domina. Sinto que virei o tigre e me sinto dentro dele. Sinto ele (eu) abrir a boca, mas não fere ninguém. Acordo." (Z., 26 anos)

Entendemos que a sonhadora está num primeiro momento lutando contra seu próprio lado instintivo (luta com o tigre). Depois começa um processo de integração (está dentro do tigre e é ele). Z. passa a perceber que esses impulsos não são tão ameaçadores (tigre não morde ninguém).

"Sonho que estou numa praça com tigres, onças e panteras. Um homem, que parece domador, insiste para que me aproxime deles. Sinto medo, mas chego perto de uma pantera negra, muito bonita. Fico fascinada com ela; nesse momento surge meu cachorro (pastor) e eu me agarro nele e fujo. Acordo." (C., 48 anos)

Entendemos que C. está entrando em contato com seus impulsos (tigres, onças e panteras) ajudada por uma figura masculina (domador). Está fascinada e com medo de um deles (pantera), mas foge para os sentimentos mais ternos (cachorro).

TÓRAX – é a região do corpo que representa os sentimentos mais elevados, nobres, tais como: amor, admiração, gratidão, amizade etc.

"Sonhei que estava no carro com meu primo (com quem atualmente não tenho contato, mas que tinha bastante ao redor de 10-12 anos) e em determinado momento pego meu revólver e dou dois tiros em seu peito. Acordei." (M., 28 anos)

Entendemos que M. está revendo situações ao redor de 10-12 anos. Ele amortece e reprime emoções ligadas a essa época (tiros no peito). O primo deve ser a representação de uma parte do próprio sonhador.

TOURO – é um animal que na maioria das vezes representa a parte instintiva, os impulsos, a força do sonhador. Frequentemente está associado aos impulsos sexuais.

"Sonhei que via um touro enorme correndo dentro do que parecia ser um tubo transparente e cheio de curvas. Eu sentia a velocidade do touro e uma grande angústia de que ele pudesse arrebentar as paredes e escapar. Acordei sobressaltada." (N., 40 anos)

Entendemos que N. está entrando em contato com sua parte mais instintiva (touro), mas com medo de que ela saia do seu controle (tubo transparente).

TRAVESTI – é a representação da confusão de identidade sexual, a fusão da identidade sexual masculina e feminina num mesmo indivíduo. Muitas vezes a representação é a de uma mulher com pênis ou um homem com vagina. Nesses casos tanto pode representar a energia feminina do homem quanto a energia masculina da mulher. Outras vezes é o indício de uma montagem cujo desdobramento resulta em um homem e uma mulher.

"Sonho que estou no banheiro e tenho um pênis enorme. Meu marido está batendo na porta. O pênis está ereto e tento me masturbar como os homens fazem, mas pelo buraco da glande só sai ar. Tento esconder o pênis na calcinha, mas ele dói. Acordo." (M., 48 anos)

Entendemos que a sonhadora está vivendo confusão de identidade masculina (tem pênis e quer se masturbar) e feminina (sai ar do pênis e não consegue escondê-lo na calcinha).

"Sonho que estou numa festa e uma moça bonita vem me seduzir. Vou para um quarto com ela. Na hora de transar, vejo que ela tem um pênis. Acordo assustado." (W., 34 anos)

Entendemos que o sonhador entra em contato com uma confusão entre masculino e feminino (travesti).

TREM/TRILHOS – são a representação de conduzir a vida de forma rígida e determinada, andar nos trilhos, nos conformes. Refere-se também a perder as oportunidades, perder o momento, perder o trem.

"Sonho que estava no meu carro. Estão se formando uma tempestade e um tufão. Saio do carro e me escondo atrás de um muro. Quando volto, vejo meu carro todo amassado. Um trem tinha passado por cima dele. Acordo." (M., 50 anos)

Entendemos que o sonhador está pressentindo uma grande turbulência psíquica e emocional (tufão e tempestade). Dissocia-se de parte do seu Eu (separa do carro) que é submetida a um processo de repressão (carro amassado) por uma estrutura de vida muito rígida (trem).

TRIBUNAL – é a representação de estar em julgamento, julgamento interno de si mesmo e dos outros, decisão e solução final de algo pendente. Está ligado à censura, à culpa, ao delito, à condenação, à absolvição, ao perdão, à remissão, à reabilitação etc.

"Sonho que estou num tribunal e um adolescente, que tem uma irmã, vai ser julgado por ter atirado com um revólver em sete pessoas. Acho que ele deve ser perdoado, pois fez isso sob influência da bebida. Em seguida, o juiz profere a mesma sentença que eu havia pensado. A família do rapaz fica muito contente. Acordo."

Entendemos que o sonhador está na posição de observador do julgamento do seu lado adolescente (rapaz que tem irmã =

sonhador que também tem irmã) que agrediu (atirar com revólver) pessoas de forma inconsequente (bebida). O juiz é o próprio sonhador (profere a mesma sentença pensada por este).

TUBARÃO – é a expressão do predador implacável, de impulsos agressivos e destrutivos. Representa também o instinto sexual voraz.

"Sonho que estou com meu namorado na praia e vamos entrar no mar junto com outras pessoas. Eu e meu namorado sabemos que existem tubarões. Vou até um pontão e vejo, no fundo da água, vários tubarões. Fico cara a cara com um deles. Acordo." (Z., 35 anos)

Entendemos que a sonhadora e o namorado estão entrando em contato com o território das emoções (entrar no mar). Identifica impulsos (tubarões) vinculados a essas emoções.

"Sonho que estou numa plataforma, vendo o mar lá embaixo. Vários mergulhadores estão procurando um tubarão. De repente, ele sai da água e em seguida está capturado e dependurado ao meu lado. Fico com muito medo, mas depois encosto a mão nos seus dentes. Acordo". (K., 34 anos)

Entendemos que o sonhador está na posição de observador de seus próprios instintos (vê outros procurarem o tubarão). No momento seguinte, consegue entrar em contato com eles (toca a boca do tubarão), mas só quando estão contidos (tubarão capturado e preso).

TÚMULO – representa o cemitério interior, lugar que guarda os conteúdos depressivos ou amortecidos do sonhador.

"Sonho que estou no pátio de um castelo medieval. Está tudo parado, de cor cinza, não tem barulho nem pessoas. Vejo um túmulo e vou até ele. Tem uma ampulheta, em que a areia já passou toda para o lado de baixo. Inverto a posição dela e tudo começa a se movimentar. Acordo." (M., 52 anos)

Entendemos que a sonhadora está numa região amortecida do seu Eu (túmulo/cinza/parado). Amortecida há muito tempo (ampulheta com a areia toda embaixo), ela dá início (vira a ampulheta) ao processo de reviver.

SONHOS E SÍMBOLOS NA ANÁLISE PSICODRAMÁTICA

TÚNEL – é a representação da ligação entre dois lados, via de passagem e de comunicação. É também o caminho para a luz, para o saber, é o ficar sabendo. A luz do fim do túnel indica estar perto do esclarecimento. Entrar no túnel escuro é entrar no desconhecido, nas trevas. É o lugar dos fantasmas (lembranças encobertas). Está também relacionado à vagina, ao nascimento. Sair do túnel é nascer. Pode ainda relacionar-se aos intestinos, conteúdos viscerais.

"Sonho que estou caminhando dentro de um túnel subterrâneo, escuro e com várias ramificações. Estou indo em determinada direção, quando vejo um monte de flechas e facas vindo em minha direção. Fico muito assustado e entro por um dos desvios. Acordo." (U., 29 anos)

Entendemos que o sonhador está tentando entrar em contato com alguma região profunda (túnel subterrâneo) do seu Eu. Quando vai em direção a ela, é bloqueado por cargas agressivas (facas e flechas). Desvia do seu objetivo (entra por uma ramificação).

UNHA/GARRA – são a representação da agressividade, de ataque. Ligada à mulher, também representa a sexualidade ativa, agressiva.

"Sonho que estou brigando com minha ex-namorada. Ela tem unhas muito compridas, pintadas com esmalte fosforescente. Estou com muita raiva, quero quebrar as unhas dela. Quebro a primeira, com muito ódio, e só então percebo que as unhas são postiças. Acordo." (X., 40 anos)

Entendemos que X. tenta quebrar algo da sexualidade ativa, agressiva e ostensiva (unhas compridas e fosforescentes) da figura feminina. Após o primeiro confronto (quebra as unhas), percebe que isso é apenas uma fachada (unhas postiças).

URINA/URINAR – é a representação de soltar e executar a ação planejada ou desejada, exercer o poder, executar os desejos no ambiente externo. É também a ação de conquista e marcação de posse de território.

"Sonho que abro a geladeira e pego uma mamadeira. Percebo, surpresa, que em vez de leite ela está cheia de urina. Acordo." (Y., 42 anos)

Entendemos que a sonhadora está abordando conteúdos congelados dentro do seu Eu (geladeira). Percebe que em vez de receber (mamadeira de leite) encontra o executar e fazer (mamadeira de urina). Faz e executa em lugar de receber.

URSO – é o símbolo dos impulsos do inconsciente, do guerreiro, glutão, selvagem, bonachão e perigoso.

"Sonho que eu e dois homens somos perseguidos por um urso furioso. Percebo que ele estraçalha um deles. O outro se esconde num quarto. Faço sinal para ele ficar bem quieto e corro para me esconder atrás de minha tia, que está passando roupa. O urso entra, mas já não está tão bravo, e diz para eu ir preparar comida. Acordo." (N., 32 anos)

Entendemos que N. está entrando em contato com impulsos agressivos de figura masculina (urso) com os homens, mas não com ela/mulher (manda-a preparar comida). A tia é um marcador de época da infância de N.

VACA – referência a sentimentos ternos, maternos e à nutrição materna. Pode ser também a mulher promíscua e depravada. Representa ainda os sentimentos hostis e agressivos, "vaca brava".

"Sonho com um estábulo onde estão várias vacas. São vacas Jersey com o olhar muito terno, meigo e um pouco triste. Acordo." (O., 35 anos)

Entendemos que O. está entrando em contato com um clima interno seu, meigo e triste (olhar das vacas).

"Sonho que vejo uma vaca no quintal do meu prédio. De repente, estou fazendo sexo oral com ela. Acordo muito assustado." (Q., 55 anos)

Entendemos que Q. está entrando em contato com uma combinação entre sentimentos orais e impulsos sexuais ligados a uma figura de função maternal (sexo oral com a vaca), possivelmente a mãe.

"Sonho que estou em um Fusca. Vejo uma vaca branca, com uma pinta preta, junto com um homem. Ela é mansa mas, de repente, muda a expressão e me ataca, furiosa. Ela amassa todo o carro e, através dos vidros quebrados, me atinge várias vezes. Fico toda machucada. Acordo." (N., 34 anos)

SONHOS E SÍMBOLOS NA ANÁLISE PSICODRAMÁTICA

Entendemos que a sonhadora observa sentimentos ternos e carinhosos da figura feminina (vaca mansa/parte branca da vaca) e depois entra em contato com os sentimentos hostis e agressivos dessa mesma figura (vaca agressiva/pinta preta).

VAGINA/VULVA – é a representação da identidade genital da mulher, sexualidade feminina, do ser mulher sexualizada.

"Sonho que estou ajudando uma mulher a vestir-se, acho que é uma noiva. De repente, sinto vontade de encostar minha vagina na dela. Fico muito excitada e começo a ter um orgasmo. Nesse instante, percebo que a vagina dela é a minha. Sinto-me estranha de ver minha vagina junto com outra, que agora também é minha. Tenho um orgasmo que parece um arrepio. Acordo." (N., 37 anos)

Entendemos que a sonhadora está em processo de identificação de sua identidade sexual (vagina da outra se transforma na sua vagina) com uma figura feminina idealizada e desejada (noiva).

VAMPIRO – é a representação do morto-vivo (vivências e lembranças amortecidas). É também a representação do que tira a força vital, explora, espolia e tira vantagem do outro.

"Sonho que estou numa festa familiar. Todos estão fantasiados de vampiro, até eu. De repente, percebo que todos eles são vampiros e só eu é que estou fantasiada. Acordo." (M., 38 anos)

Entendemos que a sonhadora está se dando conta de que todos os seus familiares são exploradores e tiram vantagens dos outros (são vampiros), menos dela (está fantasiada).

VARA/BASTÃO/CAJADO – são símbolos do poder, do bastão de comando, da vara de condão da fada, é a vara justiceira e punitiva (vara de marmelo). São também ligados ao apoio, o cajado de apoio, a bengala. Muitas vezes ainda representam a potência sexual masculina.

213

VASO – xícaras e recipientes em geral são representações de receptividade emocional, acolhimento feminino, seio materno, útero e o próprio sexo da mulher.

"Sonho que estou plantando flores num grande vaso. São coloridas: cor de laranja, cor-de-rosa, vermelhas e violeta. Acho que não combinam e não gosto do conjunto. Penso, então, que se jogar água vai ficar muito bonito. Acordo." (B., 29 anos)

Entendemos que a sonhadora está tentando integrar (plantar no mesmo vaso) vários conteúdos (flores): sexual (cor laranja), de amor (cor rosa), de paixão/ira (cor vermelha) e místico (cor violeta). Necessita dos elementos feminino/emocional (água) para completar a integração.

VELA – é a representação do próprio Eu, do espírito, da luz interior. Relaciona-se também à sabedoria, aquilo que ilumina. Muitas vezes está associada aos sentimentos de pureza e. inocência. Pode estar ligada aos rituais religiosos e à magia, ao fogo mágico. Outras vezes pode estar ligada, pela forma, ao sexo do homem, ao pênis.

"Sonho que vou a uma loja comprar velas para me masturbar. Peço e especifico as medidas que desejo. Só tem uma do jeito que quero, mas está quebrada ao meio. Digo que vou colar e levar aquela mesma. Acordo." (H., 49 anos)

Entendemos que H. condensa na vela tanto valores de espiritualidade e pureza como sentimentos eróticos e profanos. A vela quebrada ao meio é a representação desses elementos que ela pretende fundir em uma coisa só.

"Sonho que estou acendendo uma vela e, em vez da chama amarela, aparece uma luz branca e brilhante. Em seguida, aparece uma luz azul e, finalmente, uma alaranjada. Nesse momento, começo a sentir meu corpo quente e agradável. Fico emocionada e acordo." (R., 47 anos)

Entendemos que R. está acendendo o seu próprio Eu. Primeiro com sensação de energia (luz branca), depois com organização mental (luz azul) e por fim com sexualidade (luz laranja). Nesse momento a vela acesa é a noção do seu próprio corpo (calor da vela = calor do corpo).

SONHOS E SÍMBOLOS NA ANÁLISE PSICODRAMÁTICA

VENENO – é a representação de influências maléficas, que envenenam os sentimentos ou pensamentos. "Sonho que vejo uma cobra que vem em minha direção. Ela me pica e eu morro. Acordo." (E., 35 anos) Entendemos que a sonhadora está entrando em contato com algum tipo de influência maléfica de que foi vítima (veneno da cobra), e como resultado ficou amortecida em seus sentimentos (morreu).

VENTO – é a representação do espírito, do sopro, uma presença, uma mensagem. Pode ser um vento leve, uma brisa suave e acariciante representando a vaidade, a instabilidade, a sensualidade, a inconstância ou uma ventania, um elemento perturbador, uma turbulência, um tufão, violento, ameaçador e até destrutivo. Nesses casos representa uma turbulência psíquica, tumulto psicológico. "Sonho que olho para o céu e vejo nuvens e ventos que se aproximam. Percebo que é um tufão. Estou numa casa que parece um barraco, cheio de frestas, paredes de madeira e porta muito frágil. O vento é bem forte e ameaça arrancar a porta e a própria casa. Vejo que a casa ao lado é de tijolos, janelas de ferro e muito sólida. Sei que minha mãe e os outros estão seguros lá dentro. Junto comigo vejo meu pai e minha sobrinha. Ele está todo amarrado por cordas e seguro. Ela está tranquila e brinca com o vento, que para ela chega como uma brisa. Percebo que o vento dela é diferente do meu e corro para segurar a porta. Acordo." (C., 30 anos) Entendemos que a sonhadora está entrando em contato com uma turbulência psíquica (tufão/vento forte) que ameaça destruir o seu Eu (casa frágil). De repente, ela se dá conta de que essa turbulência não ameaça sua mãe (casa de tijolos e ferro), seu pai (protegido por cordas) nem sua fase de infância (sobrinha = lado da sonhadora). Para esse lado seu o sentimento é acariciante e leve (brisa). "Sonho que estou conversando com uma amiga e bate um vento suave que levanta a saia dela. Ela impede, segurando a saia. Volta a bater o vento

215

e levanta a minha saia. Penso: 'Deixa pra lá, não tem de ter vergonha'. Então eu deixo o vento levantar minha saia. Acordo." (W., 40 anos)

Entendemos que a sonhadora entra em contato com o espírito da vaidade e da sensualidade (vento que levanta a saia). Num primeiro momento, W. reprime o impulso, no papel da amiga (segura a saia), no segundo deixa acontecer (libera a saia), após a intervenção do Eu consciente (pensar no sonho).

VERDE – é a cor das sensações. Representa o equilíbrio emocional, a tranquilidade, a ligação com a realidade, a saúde e a esperança. Refere-se também ao veneno, à inveja e à fraude.

"Sonho que estou em uma grande sala quando vejo entrarem dois passarinhos verdes. É uma cor de verde que eu nunca vira. É linda, brilhante, quase dourada. Lembra as penas do pavão, mas é mais bonita. Fico encantada e eles pousam na minha mão. Começo a ter uma sintonia com eles e vou sentindo uma imensa calma e tranquilidade. Acordo muito bem." (R., 40 anos)

Entendemos que é um sonho basicamente de sensação. A sonhadora está entrando em contato com suas sensações de calma e tranquilidade ligadas ao verde.

VERMELHO – é a cor dos sentimentos vibrantes, das paixões, dos impulsos, da ação. Expressa também a cólera, a ira, o combate, o ardor. Pode ser a cor do sofrimento.

"Sonho que estou vendo um vestido no parapeito da varanda de meu apartamento. Chego perto e vejo que é um vestido vermelho e, embaixo dele, está um par de sapatos também vermelhos. Por cima, um conjunto de calcinha e sutiã bege. Vou pegar o vestido, mas ele cai lá embaixo e isso é muito angustiante. Desço correndo e encontro um homem que me diz que tem uma fita onde mostra o vestido. Vou assistir à fita, e é uma festa, com várias mulheres vestidas de vermelho. Elas são muito pobres e feias. Vejo uma mulher meio escondida que está me olhando. Tenho certeza de que foi ela que pegou o vestido. Subo correndo, tranco todas as portas e peço para meu marido não deixar ninguém entrar. Acordo." (E., 28 anos)

SONHOS E SÍMBOLOS NA ANÁLISE PSICODRAMÁTICA

Entendemos que a sonhadora está entrando em contato com parte de sua identidade (roupas) de sentimentos vibrantes (vermelho). Esses sentimentos a remetem ao passado (vestido cai lá embaixo) e a fazem entrar em contato com uma parte sua (mulher escondida) que ela teme (tranca as portas).

VERMES – é a representação dos conteúdos e dos sentimentos viscerais, torpes, dissolutos, decompostos, desqualificados.

"Sonho que estou num banheiro e parece que é na parte masculina. Faço cocô e quando me limpo percebo que no ânus existe um verme rosado. Começo a puxá-lo, mas ele parece não ter fim. Depois de muito puxar, ele fica transparente, esbranquiçado e surge também na barriga. Sinto-me exposta. Parece que a porta do banheiro fica transparente e uma multidão vai entrar. Fico aflita para terminar de tirar tudo. Acordo." (H., 35 anos)

Entendemos que H. está entrando em contato com uma série de vivências e sentimentos viscerais (vermes) em relação aos homens (banheiro masculino). À medida que eles saem do seu corpo, vão se tornando expostos (verme transparente). A sonhadora teme que fiquem públicos para os outros (porta do banheiro transparente e multidão que vai entrar).

VIAJAR – é a representação de ir para algum lugar dentro do próprio Eu, movimentação dentro do próprio psiquismo, prenúncio de transformação psíquica.

"Sonho que estou viajando num avião. Estou sentada no último banco, cheia de malas e bagagens, as quais não consigo acomodar. De repente, começa a chover. Vou ficando encharcada e minha bagagem também. Chego a uma congregação religiosa, onde todos estão em retiro espiritual, não chove mais e estou sem minha bagagem. Acordo." (Z., 56 anos)

Entendemos que a sonhadora, que frequentou seminário, está revivendo sua ida para lá (viajando dentro do seu Eu). Leva uma série de vivências e conteúdos (malas e bagagens), vive muitas emoções (chuva), mas perdeu contato com elas (está sem a bagagem e não chove ao chegar).

VIDRO – é a representação do impedimento invisível, do que impede o contato com o mundo e com o outro. É também a proteção tênue, quebra fácil, é estar vulnerável e transparente. Ter telhado de vidro é estar desprotegido. Quebrar a vidraça é tirar a proteção.

"Sonho que estou num quarto feito de vidro. Não vejo nenhuma porta. Há alguns panos pendurados como lençóis num varal e tento arrumá-los para ter um pouco de privacidade. Continuo no mesmo quarto e percebo que ele está cercado por um enorme abismo. Vejo meu namorado do lado de fora. Nós nos beijamos, cada um do seu lado do vidro. Não sinto o beijo, só o frio do vidro. Acordo." (V., 63 anos)

Entendemos que V. tem uma visão de seu próprio Eu impedida por um bloqueio invisível (vidro). É uma falsa proteção, pois não permite privacidade, torna sua vida solitária (cercada de abismos) e impede o contato afetivo com o outro (beijo no vidro). É uma característica do núcleo esquizoide.

VINHO – representa iniciação, alegria, vida e desejos profanos. É também a porção da vida, o sabor da vida.

"Sonho que estou numa sala onde tudo é de cor cinza. Sirvo vinho, sem parar, a meu marido e mais dois homens (um deles foi uma grande paixão da época de faculdade). É tudo muito frio e impessoal. Acordo." (H., 42 anos)

Entendemos que a sonhadora está entrando em contato com sua relação com os homens. É uma relação de intensa alegria e desejo (servir o vinho sem parar), mas está tudo amortecido (cinza, frieza).

VÔMITO – é a representação de pôr para fora conteúdos emocionais não digeridos, não aceitos pelo verdadeiro Eu. Vomitar é a recusa de "engolir o sapo", de digerir o "leite mau".

"Sonho que estou em frente a uma casa noturna, mas não posso entrar. Vejo meu irmão mais velho e sua família na frente da casa. Vou até a rua e vomito uma série de pequenas bolas, que parecem de silicone. Após vomitar, sei que posso entrar. Entro e encontro pessoas. Acordo." (T., 28 anos)

SONHOS E SÍMBOLOS NA ANÁLISE PSICODRAMÁTICA

A sonhadora vem de uma educação familiar e religiosa muito rígida. Entendemos que, após rejeitar conteúdos morais que foi forçada a engolir (vomitar as bolas de silicone), ela tem permissão para entrar em um mundo antes proibido (casa noturna). A presença do irmão mais velho é vista como uma marca da censura.

VOZ – é a representação da intervenção do Eu consciente no sonho. É também a representação da expressão e da comunicação dos conteúdos internos, dos pensamentos, das percepções e dos sentimentos.

"Sonho que estou numa loja comprando uma roupa. Quando a vendedora vai dobrá-la, de dentro da roupa sai a voz do diabo. Acordo." (Y., 30 anos)

Entendemos que a sonhadora está em contato com uma nova identidade social (comprando roupa) e percebe que ela carrega conteúdos menos nobres (voz do diabo).

leia também

ANÁLISE PSICODRAMÁTICA
Teoria da programação cenestésica
Victor R. C. S. Dias

A partir das influências da Teoria do Núcleo do Eu de Rojas-Bermúdez, da ampliação da Matriz de Identidade elaborada por Fonseca Filho e da própria experiência do autor como terapeuta, professor e supervisor de psicodrama, uma nova noção de processamento é apresentada aos leitores.

REF. 20466   ISBN 978-85-7183-466-8

PSICODRAMA
Teoria e prática
Victor R. C. S. Dias

Livro sobre psicoterapia e psicodrama que, além de apresentar um resumo sobre desenvolvimento e psicopatologia, detalha e processa os principais passos das psicoterapias desde a entrevista inicial até a finalização do processo. Insere também um capítulo sobre psicoterapias com psicóticos e outro sobre formação de terapeutas.

REF. 20282   ISBN 85-7183-282-X

SONHOS E PSICODRAMA INTERNO
Na análise psicodramática
Victor R. C. S. Dias

Lançando o conceito de psicoterapia nas Zonas de Exclusão, este livro apresenta uma nova abordagem para os sonhos e técnicas de psicodrama interno e sensibilização corporal. Aborda também outros temas difíceis como suicídio, dependências e pânico. Uma obra inovadora na área de administração dos sentimentos dentro da análise psicodramática.

REF. 20527   ISBN 85-7183-527-6